福建

中国自驾游
福建

"中国自驾游"编写组 编写

中国地图出版社

北京

出发前，检查你的装备

●随车装备

随车工具：轮胎扳手、灭火器、水桶、绞盘、拖车绳／杆、搭电线、工兵铲、车载充气泵、千斤顶、快速补胎剂、钳子、警示牌、防冻液、防滑链 *。

备件：充足气的备胎、易损汽车零件（灯泡、雨刮片）、机油、制动液、玻璃水。

●现金和证件

现金：零钱若干。

证件及文件：身份证、驾驶证、行驶证、购置税证、车船使用税证、边防证或护照 *，首页写好姓名、血型、身体情况以及紧急联系人电话的记事本、车辆及人身保险信息。

行程单：一式两份，一份带在身上，一份留在家中。

●通信定位装置

通信设备：手机、充电器、充电宝、蓝牙耳机。

导航及指南类工具：导航类 app（提前下载好离线地图）、纸质旅行指南、指南针、地图。

车队用设备 *：车载电台、手持电台、对讲机。

●日常用品

衣物：驾驶用平底鞋、徒步用登山鞋。

野营用品：帐篷、睡袋、充气枕头、防潮垫、照明灯具、折叠桌椅、卡式炉、气罐、炊具、水具（水壶、水袋、皮囊等）、烧烤炉、遮阳伞。

变压设备：12V—220V 车载逆变器。

储存设备：车载冰箱、保温箱。

其他：防晒用品、望远镜、墨镜、手套、雨具、头灯和手电、多功能户外手表、多功能刀具、保温杯、一次性餐具、消毒湿巾、纸巾、洗漱用具、小镜子、指甲钳、抹布、别针、橡皮筋、针线包、捆绑绳、垃圾袋、防风打火机或防潮火柴、旧报纸、记事本。

●药品

内服：感冒药、退烧药、止痛药、清火解毒类药品、肠胃药、维生素、抗过敏类药品、防晕车药品、与自身身体状况有关的药品（高血压药、心血管药、助眠药等）。

外用：云南白药、万花油、清凉油、风油精、氟轻松软膏、眼药水、骨伤贴药、驱蚊虫类喷雾。

抗高原反应类 *：西洋参含片、葡萄糖口服液、布洛芬、高原红景天、抗高反处方药（乙酰唑胺、地塞米松等）、氧气瓶。

简易医疗用品：体温计、创可贴、绷带、纱布、白胶布、碘伏、棉签、口罩。

* 特定情况需要

目录

3　闽北山水访古之旅 34

福州市→三明市→南平市→宁德市→浙江省丽水市
→宁德市→浙江省温州市→宁德市

途中亮点

地图

特别呈现

更多精彩

▼ 武夷山止止庵

福建，简称"闽"，位于我国东南沿海，与台湾省隔海相望。全省大部分陆地区域被山地丘陵与河流湖泊所填满，同时又坐拥全国第二长的海岸线，于是山和海成为福建旅行的主要看点。从北到南，漫长的海岸线上点缀了数不清的岛屿，无尽的大山之中隐藏着壮观美景。繁荣的海上贸易给闽南带来了世界各地的文化与奇珍，独特的气候和地理特征又使得闽北成为中国茶的故乡之一。福建用自己独有的方式，融汇了中原与边疆、山川与大海的美。

在"八山一水一分田"的福建，出行曾是困扰本地人的最大难题，不过随着基础设施的不断完善，天堑逐渐变为通途，驾车穿行于福建的壮美山水之中，体验从未如今天这般畅快。不过，省内仍有部分山区路段道路崎岖且加油和充电设施不足，还需多加注意。

▼ 永定土楼—振成楼

福建省

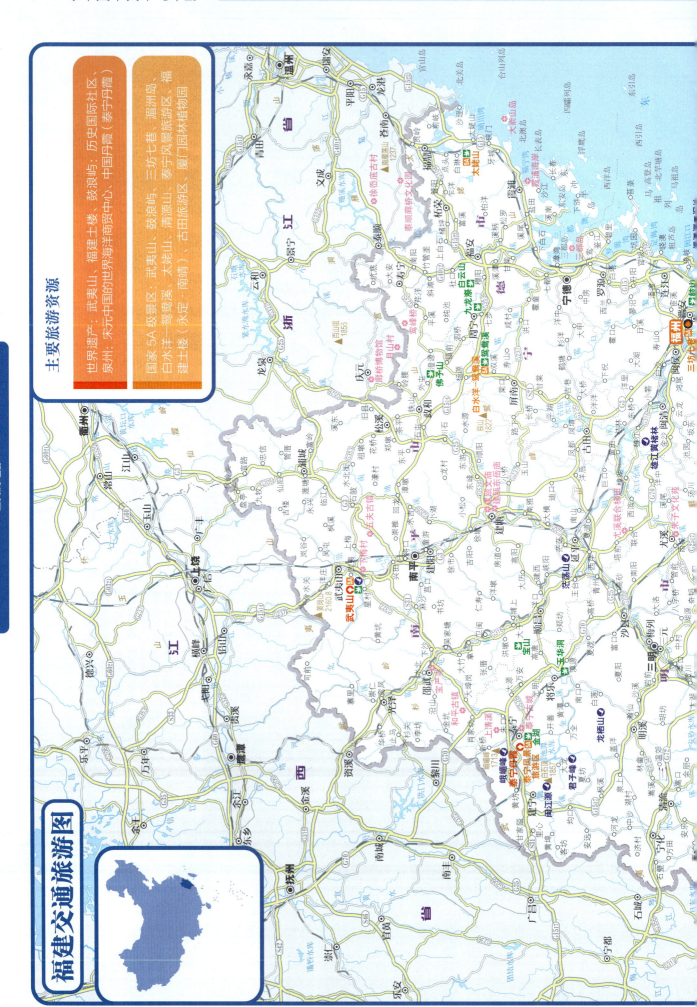

主要旅游资源

世界遗产：武夷山、福建土楼
泉州：宋元中国的世界海洋商贸中心（泰宁丹霞）、历史国际社区、鼓浪屿：历史国际社区

国家5A级景区：武夷山、鼓浪屿、三坊七巷、湄洲岛、福州三坊一鼓鸳溪、清源山、泰宁风景旅游区、福建土楼（永定、南靖）、古田旅游区、厦门园林植物园

福建交通旅游图

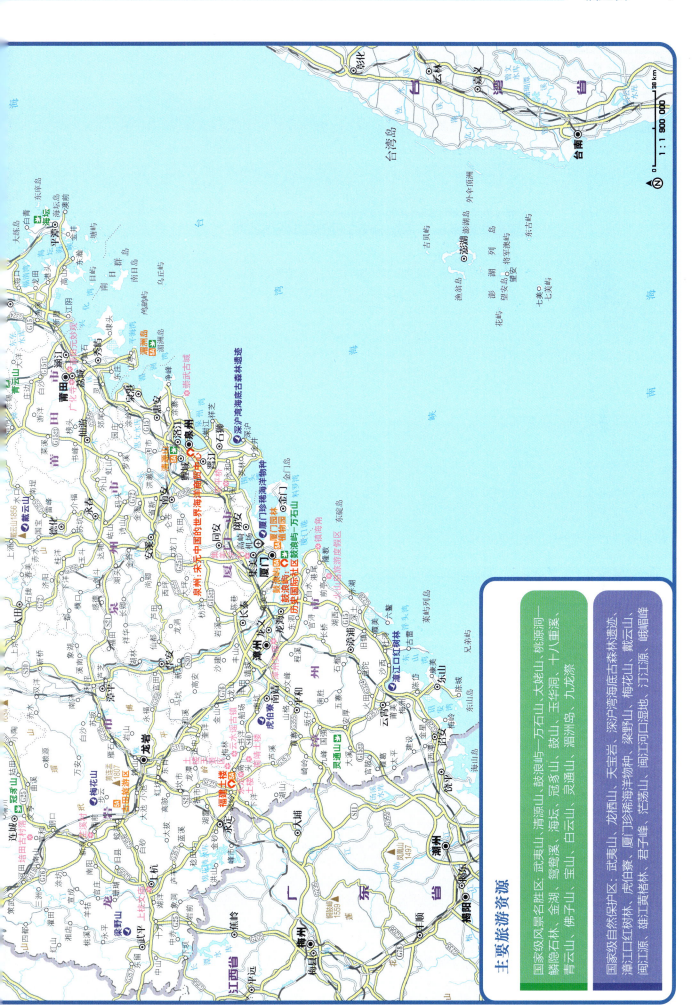

主要旅游资源

国家级风景名胜区：武夷山、清源山、鼓浪屿—万石山、大姥山、桃源洞—鳞隐石林、金湖、鸳鸯溪、海坛、冠豸山、鼓山、王华洞、十八重溪、青云山、佛子山、宝山、白云山、灵通山、湄洲岛、九龙漈

国家级自然保护区：武夷山、龙栖山、虎伯寮、厦门珍稀海洋物种、深沪湾海底古森林遗迹、漳江口红树林、雄江黄楮林、君子峰、茫荡山、梁野山、梅花山、戴云山、闽江口湿地、闽江河口湿地、汀江源、峨嵋峰

1 ： 1 900 000

福建自驾线路总图

福建省

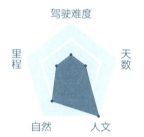

驾驶难度

里程　　　天数

自然　　人文

2　闽西南客家文化探寻之旅　　见26页

533公里 / 6天
追随先人足迹，寻访客家土楼与古村，体会百折不挠的客家精神。

★　**如果你喜欢……**

自然奇观
（1）大嵛山岛、霞浦海岸、镇海角、火山岛旅游度假区
（❶福建沿海之旅）
（2）冠豸山（❷闽西南客家文化探寻之旅）
（3）武夷山、太姥山、玉华洞、上清溪、泰宁大金湖、白水洋、
鸳鸯溪（❸闽北山水访古之旅）

宗教文化
（1）广化寺、莆田元妙观、泉州开元寺、清源山、南普陀
寺（❶福建沿海之旅）
（2）武夷山、宝严寺、泰宁大金湖、建瓯东岳庙（❸闽北
山水访古之旅）

客家风情
（1）南靖土楼、永定土楼、云水谣古镇、客家族谱博物馆、
培田古村落（❷闽西南客家文化探寻之旅）

海岸风光
（1）霞浦海岸、三都岛、平潭岛、湄洲岛、六鳌半岛、东山岛、
南澳岛（❶福建沿海之旅）
（2）太姥山（❸闽北山水访古之旅）

历史人文
（1）三都岛、崇武古城、泉州府文庙、厦门大学、鼓浪屿
（❶福建沿海之旅）
（2）集美学村、漳州文庙、上杭文庙、古田会议会址、长
汀红色旧址群（❷闽西南客家文化探寻之旅）
（3）三坊七巷、三山两塔、上下杭、鼓山、建瓯文庙（❸闽
北山水访古之旅）

3　闽北山水访古之旅　见34页

1296公里 / 12天

探寻闽北的壮美风光和点缀其间的名胜古迹，伴随茶叶的清香，领略只属于福建的自然与人文。

1　福建沿海之旅　见10页

1167公里 / 11天

沿曲折的海岸线领略福建沿海的万种风情，与海潮和沙滩相伴，享受闲适的假日时光。

★　**如果你喜欢……**

古镇古村
（1）崇武古城（❶福建沿海之旅）
（2）云水谣古镇、芷溪村、培田古村落（❷闽西南客家文化探寻之旅）
（3）泰宁古城、和平古镇、下梅村、五夫古镇（❸闽北山水访古之旅）

悠然自得
（1）鼓浪屿、六鳌半岛、东山岛、南澳岛、厦门环岛路（❶福建沿海之旅）
（2）白水洋、南浦溪风景区（❸闽北山仿古之旅）

博物馆
（1）中国闽台缘博物馆、海外交通史博物馆（❶福建沿海之旅）
（2）客家族谱博物馆、长汀县博物馆（❷闽西南客家文化探寻之旅）
（3）福建博物院、庆元廊桥博物馆（❸闽北山水访古之旅）

福建自驾线路总图

福建沿海之旅

宁德市 ➡ **福州市** ➡ **莆田市** ➡ **泉州市** ➡ **厦门市** ➡
漳州市 ➡ **广东省汕头市**

里程: 1167 公里
天数: 11 天
驾驶难度: ★★★☆☆
新能源车友好度: ★★★★☆

福建有全国第二长的海岸线,海岸曲折,岛屿星罗棋布。从北到南,一路都有美妙的海景与沙滩。从大嵛山岛的高山草甸到漳浦的滨海火山,从湄洲岛上的妈祖祖庙到鼓浪屿上的小咖啡馆,浪花潮音与各式美景相伴,令人深深陶醉。福建沿海地区地势平缓、基建完备,驾驶电车亦有不错的体验。

行程安排

第1天 ①**福鼎市** ➡ ②**大嵛山岛**　43 公里
②**大嵛山岛** ➡ ③**霞浦县**　39 公里

从宁德福鼎出发,沿沈海高速行驶至渔井码头,乘船前往**大嵛山岛**,往返船只较少,注意时间。游览后从渔井码头出发,沿 G228、沈海高速行驶至霞浦县东壁村,游览附近海岸,欣赏日落,夜宿东壁村。

第2天 ③**霞浦县** ➡ ④**三都岛**　86 公里
④**三都岛** ➡ ⑤**平潭岛**　160 公里

早起至北岐滩涂欣赏日出,可继续向南游览**霞浦海岸**景色,之后沿沈海高速、甬莞高速行驶至礁头码头,乘船前往**三都岛**,之后沿福州绕城高速、京台高速行驶至福州市的**平潭岛**,夜宿平潭岛北港村。

第3天 ⑤**平潭岛** ➡ ⑥**莆田市**　114 公里

早起游览平潭岛,之后沿渔平高速、沈海高速行驶至莆田市,游览荔城区的**莆田元妙观**、城厢区的**广化寺**,夜宿莆田市。

第4天 ⑥**莆田市** ➡ ⑦**湄洲岛**　47 公里
⑦**湄洲岛** ➡ ⑧**崇武古城**　105 公里
⑧**崇武古城** ➡ ⑨**泉州市**　38 公里

沿秀永支线、忠湄街行驶至文甲码头,乘船前往莆田市的**湄洲岛**,游览后沿秀永支线、沈海高速行驶至泉州市惠安县的**崇武古城**。之后沿海湾大道、后渚大桥行驶至泉州市并在此夜宿。

第5天 ⑨**泉州市**

游览鲤城区的**泉州开元寺**、**泉州府文庙**、**泉州天后宫**,丰泽区的**中国闽台缘博物馆**、**海外交通史博物馆**,夜宿泉州市。

第6天 ⑨**泉州市** ➡ ⑩**厦门市**　172 公里

早起游览丰泽区的**清源山**,之后沿沿海大通道、丹东线行驶至厦门市,沿途可游览晋江市的**安平桥**,抵达厦门后,游览思明区的**中山路步行街**、**厦门大学**、**南普陀寺**。夜宿厦门市。

第7天 ⑩**厦门市**

早起去**厦门环岛路**,游览沿途景点,之后游览思明区的**沙坡尾**、**厦门园林植物园**、**文曾路**,夜宿厦门市。

第8天 ⑩**厦门市** ➡ ⑪**鼓浪屿**

乘船前往**鼓浪屿**,游览岛上景点,夜宿鼓浪屿。

第9天 ⑪**鼓浪屿** ➡ ⑫**镇海角**　60 公里
⑫**镇海角** ➡ ⑬**六鳌半岛**　58 公里

早起继续游览鼓浪屿,之后乘船返回厦门,沿同招支线、丹东线行驶到漳州市龙海区的**镇海角**,游览后沿沿海大通道、X523 行驶至漳州市漳浦县的六鳌半岛,沿途可游览**火山岛**

旅游度假区。游览**六鳌半岛**，并在此夜宿。

第 10 天　⑬六鳌半岛 ➡ ⑭东山岛　**111 公里**

　　沿沿海大通道、G357 行驶至漳州市东山县的**东山岛**，游览岛上景点。夜宿岛上民宿。

第 11 天　⑭东山岛 ➡ ⑮南澳岛　**134 公里**

　　沿沈海高速、金鸿公路行驶至广东省汕头市的**南澳岛**，游览岛上景点，之后结束行程。

途中亮点

宁德市 0593

◆ 大嵛山岛 　　　见11页地图

大嵛山岛是福建海岸线北端的第一座大岛，拥有国内海岛中少见的高山草甸景观，岛心草场上还点缀着大天湖和小天湖，大嵛山岛也因此荣登《中国国家地理》"中国最美的十大海岛"名单。前往大嵛山岛需从福鼎西南的渔井码头或三沙镇古镇码头乘船，航程大约40分钟。登岛后在码头附近购买门票即可前往天湖景区，大天湖旁建有绕湖一周的木栈道，长度大约3公里，此处及附近的山地草场是这里的核心景观。若想前往沿岸的各个渔村，可在码头乘坐岛上的循环巴士或者包车（根据行程100—300元不等），环岛各处都有不错的海景和沙滩，东南角新建成的NOMI安曼海景民宿颇具地中海风格，是新晋的"网红"打卡地。需要注意，两个码头前往大嵛山岛的轮渡每天均只有两班往返，请提前安排好时间，具体的船次信息可在微信公众号"嵛山岛船票"查询。

门票： 76元，往返船票100元

营业时间： 全天开放

微信公众号： 嵛山岛船票

◆ 霞浦海岸 　　　见11页地图

霞浦海岸的滩涂美景早已闻名于世，落潮时的滩涂会在霞光的照射下泛出点点金光，滩涂上的竹竿渔网和劳作中的渔民则成为点睛之笔。霞浦是无数摄影爱好者心中的摄影胜地，不过霞浦海岸的风光远不

▲ 霞浦海岸

止于此。自三沙码头沿海岸线一路向西，迎面而来的海滨风光令人心旷神怡，山坡上的东壁村是欣赏滩涂日落的绝佳位置，一座座民房在山坡上错落有致。东壁村西侧的海边有光影栈道，落日时这里总被各种摄影器材占领。继续向西，半岛靠近大陆一侧的小皓村附近有可以俯瞰整座海湾的烟墩顶。从这里转向南，经过霞浦县城后，可来到以日出而闻名于世的北岐滩涂，有条件的话可以考虑在此住上一晚。继续向南，东冲半岛上高罗、大京和小京沙滩沙质细腻，附近海尾角和下尾岛的海蚀地貌更令人印象深刻。半岛东南角，闾峡灯塔孤悬于海天一色之中，是整条海岸线的亮点。霞浦海岸的各处景点附近都有设施齐全的民宿和餐厅，铺装一新的沿海景观道旁还附带骑行道，旅游配套设施较为完备。

▼ 大嵛山岛

霞浦摄影贴士

霞浦有连片的滩涂，但想要拍到心仪的照片也没那么容易。滩涂随退潮而显现，赶在潮汐到来之时前往指定地点可能是霞浦摄影的主要挑战，可使用一些提供潮汐信息的应用（如微信小程序"潮汐表精灵"）确认所在地的潮水涨落时间，提前安排行程。微信公众号"文旅霞浦"中提供了霞浦摄影指南，详细介绍了各个摄影点的位置以及潮汐信息和通达方式，还有每个摄影点的光照情况和光圈／快门建议等，内容翔实。当然，如果你觉得安排行程太麻烦，也可以很轻易地找到提供行程安排和"吃住一条龙"服务的摄影团，跟团打卡霞浦各处景点并拍照也是个不错的选择。

门票: 免费

营业时间: 全天开放

微信公众号: 文旅霞浦

◆三都岛　　　　　　　见11页地图

三都岛曾作为清末福建三大海关之一而繁华一时，不过因在战争中遭到轰炸，如今只剩几座洋房作为历史的见证。岛上游客不多，适合喜欢安静的旅行者，自码头登岛后沿指示牌上山即可看到哥特式的天主堂和旁边的修女院，教堂后方的英国修道院如同城堡一般，是岛上最著名的景点。路旁面朝大海的两层欧式建筑是福海关旧址，你也可以在此畅想这座闽北红茶曾经的主要出口海关过去的繁华景象。前往三都岛需要从金蛇头码头或礁头码头乘坐轮渡，其中礁头码头的班次较多，6:30—16:30循环发船，满员即走。

三都岛所在的三都澳海域是国内最大的大黄鱼养殖区，数万渔民在渔排上生活和劳作，乘船往返三都岛时，连片的海上村落风景令人过目难忘。

门票: 免费；礁头码头船票单程10元

营业时间: 全天开放

福州市　0591

◆平潭岛　　　　　　见11页和本页地图

两条高速、一条高铁几乎将平潭岛这座福建第一大岛与大陆连为一体，岛上壮观的海蚀地貌和美妙的海岸风光也变得触手可及。岛上每年刮七级以上大风的日子超过120天，岛北侧的**长江澳风车田**有连片的风力发电机，风车下的海边日落是本地的著名景观之一。从这里沿环岛路向东，沿途有令人赞叹的海岸风光，路过镜沙等几处海蚀地貌景点之后便可到达**北港村**，这里面朝大海的石头厝独具特色，也是各式小店民宿的聚集地。继续沿海岸线前进，路过模镜村的大片滩涂之后便可来到平潭岛上最著名的景点**东海仙境**，经年累月的海蚀作用造就了此地壮观的海蚀洞海蚀崖等景观，

仙人井是景区核心，这个巨大的海蚀竖井如同天坑一般，涨潮时海水冲入井内，会发出巨大的声响。

沿海岸线向西南，路过数公里长的沙滩之后可以来到**68海里**景区，这里距离台湾省新竹市仅68海里，景区里也建有标志塔和取景框等用于打卡的设施。向南穿过坛南湾的网红沙滩之后可到达平潭岛最南端的

将军山，山顶有一座三军演习纪念碑，将军山的名字也是因演习而来，这里的海蚀地貌较为平缓，除去沙滩还能看到海边的草甸景观。走完东边的海岸线，也别忘了去平潭岛西侧看一下耸立在平潭海峡中的**石碑洋**，可乘船登岛，与这两个巨大的海蚀柱来个亲密接触。

每年夏天，大量发光海洋微生物会在平潭的海边聚集，使得夜色下的大海发出蓝色的荧光，这种被称为"蓝眼泪"的海洋奇景也是人们来到平潭岛的一大原因，微信公众号"畅游平潭"中有专门的"蓝眼泪"专题，帮你找到合适的"追泪"地点及时间。

门票: 东海仙境21元，将军山10元，石碑洋乘船25元

营业时间: 全天开放，收费景点8:00—17:30

微信公众号: 畅游平潭

▲ 湄洲岛妈祖像

莆田市　0594

◆ 莆田元妙观
见 11 页地图

虽然人们总把莆田与制造业相关联，但市区里随处可见的庙宇石桥又会告诉你，这是一座历史文化名城。市区西侧的元妙观始建于宋代，历经千年后，其核心的三清殿保存至今，是不可多得的宋代道教建筑样本。大殿东侧有数座宋代石刻，包括一座宋徽宗御书的《神霄玉清万寿宫》碑。除去三清殿，观内的其他建筑皆为明清时期增筑，其建筑风格与三清殿亦有区别。

门票： 免费

营业时间： 8:00—12:00，14:30—17:30；周一闭馆

◆ 广化寺
见 11 页地图

莆田西郊的广化寺始建于南北朝时期，于宋代达到鼎盛，如今虽已不复曾经，但仍是华南地区的佛教名山之一，也是福建佛学院的所在地。寺内建于南宋时期的释迦文佛塔高约 30 米，塔身布满各式佛像及祥瑞图案，是寺内的核心景观。寺内弥勒殿前两座石经幢亦修建于南宋时期，上书《佛顶尊胜陀罗尼经》。钟楼里还有一座锻钟，可靠顶部的 108 个铆钉调整音色。寺内幽静典雅绿树成荫，僧人众多，也常举行讲经活动。广化寺对入内游客的着装有一定要求，夏季

穿无袖上衣或不及膝的短裤、短裙可能无法进入，参观时还请注意。

门票： 免费

营业时间： 8:00—17:00

◆ 湄洲岛
见 11 页地图

湄洲岛是海内外数亿妈祖信众心目中的圣地，相传妈祖的原型林默便于北宋年间出生在岛上。登岛需从莆田市区东南的文甲码头乘坐轮渡，经过约 15 分钟的航程后到达湄洲岛码头。妈祖文化园就在码头南侧不远处，园内的妈祖祖庙是全世界妈祖庙之祖庙，天后殿是其中的核心建筑，供奉着妈祖金身雕像，其后方的"升天古迹"是传说中妈祖羽化升仙之所，旁边的神女祠是世界上最早的妈祖庙，其内部仅容一人入内，门口的香客总会排起长龙。祖庙后山上有尊 14.35 米高的妈祖像，是湄洲岛的标志。文

妈祖祭典

湄洲岛一年中有三次较大规模的妈祖信俗活动，首先是正月的妈祖金身巡游，自正月初八的请香至正月十四的金身回銮，妈祖金身像会在岛上巡游以"扫荡妖氛"。之后是农历三月二十三的妈祖诞辰，岛上会举办隆重的春祭，"谒祖进香"活动也会频繁进行，来自世界各地妈祖庙中的妈祖像会被带到祖庙"进香"。最后是农历九月初九的妈祖升天纪念日，盛大的秋祭将妈祖信俗活动推向高潮。上述活动进行的同时通常也会举办庙会，届时会有大批游客上岛，若无心参加类似活动也可考虑错峰出游。

化园西南还有天妃故里遗址公园，传说林默便是在此降生，公园内有妈祖源流博物馆，能让你对这位"海神娘娘"有更全面的了解。

除去这些妈祖文化的相关看点，湄洲岛海岸也独具特色，岛北端的湄屿潮音和南端的鹅尾海蚀地质公园内都有壮观的海蚀地貌，东西两侧的莲池沙滩和黄金沙滩更是戏水的好去处。环岛一周的景观道已经修建得较为完善，岛上有公交车串起大部分景点，也可租用电动车或自行车游览，相关信息及文甲码头船次等资讯都可在微信公众号"湄洲岛轮渡"查询。

门票： 65 元；往返轮渡 60 元

营业时间： 全天开放；文甲码头 7:20—18:00，湄洲岛码头 7:00—17:40，轮渡每20 分钟一班，旺季有夜班船

微信公众号： 智汇湄洲

泉州市　0595

◆ **崇武古城**　　　见11页地图

崇武古城位于泉州西郊惠安县境内，是明

▼ 崇武古城

代为抗击倭患而修筑的 60 多座海岸卫所城堡中保存最完好的一座。绕城一周的城墙是古城的最大看点，这座建于明初的古城墙经历了数次毁坏与重建，直至 20 世纪 80 年代才被修复如初。城墙有两层跑马道，四周共有 8 个城门，全长近 2500 米。古城内至今仍生活着当年自全国各地调集而来的抗倭军队后裔，有"百家姓万人丁"之说。城内并无太多商业气息，不少本地人也会非常热心地向你介绍城中有趣的地方。需要注意的是，进入古城及登上城墙均是免费的，网上售卖的价值 40 元的门票实际

上是城外沿海一侧"中华石雕工艺博览城"的门票，这里展示的主要是惠安县特产的各种石雕，当然博览城海边一侧的海景和海蚀地貌也颇具特色。

门票： 免费
营业时间： 全天开放
微信公众号： 崇武古城风景区

◆ **泉州开元寺**　　　见本页地图

开元寺是泉州古城的标志，始建于唐垂拱二年（686 年），至今已有 1300 多年的历史，是福建省规模最大的佛教寺院，规模宏伟、构筑壮观。自西街进入开元寺之前，别忘了看看门口的紫云屏。大门口天王殿"此地古称佛国，满街都是圣人"的对联是朱熹为开元寺所撰。进入寺内，经过立有数座唐宋石经幢的拜庭后便来到大雄宝殿，殿中供奉的五智如来属唐密宗，在我国南方极为罕见。国内唯一一棵桑莲树就在大雄宝殿西侧，相传开元寺也是先有古桑开白莲花方才建寺，大雄宝殿上"桑莲法界"的匾额也是由此而来。大雄宝殿后方的甘露戒

福建沿海之旅

▲ 泉州天后宫

坛为清初仿宋建筑，是我国现存最完整的古祭坛之一。建于南宋年间的两座佛塔镇国塔和仁寿塔立于寺庙东西两侧，经历过明代泉州的强震而未有大的损伤，被信众视为神迹。弘一法师纪念馆位于寺庙东侧，旁边还有泉州湾古船陈列馆，展示了自泉州湾出土的宋代古船，可一并游览。

门票： 免费
营业时间： 6:30—18:00
微信公众号： 泉州开元寺

◆ **泉州府文庙**　　　见15页地图

泉州府文庙始建于唐开元末年，屡经修葺，逐渐有了现在的规模。府文庙是中国东南地区现存规模最大，且包含宋、元、明、清四个朝代建筑形式于一体的孔庙古建筑群。整体建筑坐北朝南，主体建筑贯穿于南北中轴线上，有大成门、金声门、玉振门、大成殿等，皆保留着宋代石质建筑基础和台基。其中大成殿虽为明代所建，却也保留了一定的宋时遗韵，殿内悬挂多个匾额，正上方的"万世师表"匾额为清代康熙御书。文庙两侧的东西庑有关于泉州历史文化和文庙历史的陈列，不可错过。

门票： 3元
营业时间： 9:00—17:00

◆ **泉州天后宫**　　　见15页地图

泉州天后宫始建宋庆元二年（1196年），最早称"娘妈宫"，是所有妈祖庙中现存建筑规模最大、保存最好的一个，至今仍保留了一些宋代构件和明清时代木构。天后宫坐北朝南，总体布局大体沿中轴线由南向北布置，自山门进入天后宫，前方有戏台、天后殿、寝殿、梳妆楼等建筑，中轴线两侧则依次设有东西阙、东西廊、东西轩、四凉亭、两斋馆等附属建筑。天后殿内有雍正御书"神昭海表"匾额，供奉着黑沉香木雕刻的妈祖像。每到妈祖诞辰和升天日，天后宫都会举办热闹的祭祀庆典，正月时则会有独具特色的"乞龟"活动，数千斤大米被堆成乌龟模样，人们会绕着"米龟"摸上一圈，祈求未来一年风调雨顺。

门票： 免费
营业时间： 8:00—17:30
微信公众号： 泉州天后宫

◆ **海外交通史博物馆**　　　见15页地图

泉州曾是古代中国最大的通商口岸之一，与世界各国都建立了紧密的贸易联系，留下了大量珍贵文物。东湖旁的这座泉州海外交通史博物馆，以世界遗产点为脉络，介绍泉州鼎盛时期的繁茂景象，将彼时刺桐城的多元文化特色展现得淋漓尽致。固定展览"泉州：宋元中国的世界海洋商贸中心"展示了泉州古城的风貌；"中国舟船世界"展示了中国古代多种多样的造船工艺，数百个各式各样的船模型令人大饱眼福；"泉州宗教石刻馆"和"阿拉伯－波斯人在泉州"展览则侧重于中外不同文化在泉州的发展和交融。前面提到的开元寺内的古船陈列馆曾是博物馆老馆的所在地，如今也是博物馆的一座分馆。

门票： 免费
营业时间： 9:00—17:00，周一闭馆
微信公众号： 泉州海外交通史博物馆

◆ **中国闽台缘博物馆**　　　见15页地图

中国闽台缘博物馆是反映祖国大陆（福建）与宝岛台湾历史关系的国家级专题博物馆。馆内最吸引人眼球的是入口门厅的一幅火药爆绘壁画，是艺术家蔡国强先生的作品。二楼的"闽台缘"专题展展示了闽台之间地缘相近、血缘相亲的历史事实。三楼"乡土闽台"专题，按照"春、夏、秋、冬"四个时节，通过全场景式的陈列手法，展现了闽台两地共同的民俗风貌。馆内还有新石器时期出土的"陶釜"、前人为提高生活品质发明的"原始榨汁机"、富贵人家的装饰品"清代福建民居陶瓷独角兽"等有趣神奇的文物1500多件。

门票： 免费
营业时间： 9:00—17:00，周一闭馆（节假日除外）
微信公众号： 中国闽台缘博物馆

福建省

特别呈现

漫步泉州古城

起点: 泉州天后宫

终点: 花巷天主教堂

距离: 约 6.5 公里

需时: 约 4 小时

泉州古城本身便是一处世界遗产, 漫步其中, 饱览古城古迹的同时顺便品尝本地美味, 是很有趣的古城打开方式。先来到古城南侧的 ❶ **泉州天后宫**拜一拜天后娘娘, 西侧 ❷ **秉正堂**的石花膏上过《舌尖上的中国》, 沿中山南路向北, 路边的 ❸ **群众牛肉小点**里的蚵仔煎非常美味。涂门街路口处的 ❹ **花桥慈济宫**内有明代书法家真迹, 从这里向东南转入涂门街, 国内现存最古老的清真寺 ❺ **清净寺**就在路北, 一旁供奉关帝和武穆的 ❻ **通淮关岳庙**总是香客众多。从此处向北转入古城的小巷之中, ❼ **百源清池**藏在其中, 这个看似不起眼的市民公园四周隐藏了众多古迹, 前方不远处是 ❽ **泉州府文庙**, 文庙东侧的华侨大厦据称将被拆除, 文庙内的魁星楼和棂星门也将原样重建, 文庙西边 ❾ **海丝金凤**店里的汤圆在本地很有名。继续向北会路过唐代泉州城门之一的 ❿ **崇阳门遗址**, 从这里向东, 承天巷尽头的 ⓫ **承天寺**大门虽不起眼但寺内大有乾坤, 弘一法师便是在此圆寂。由此向北进入东街, ⓬ **元妙观**就在路边, 这里是泉州道教活动的中心, 每逢节庆总是热闹非凡。从西边十字路口中耸立的西式 ⓭ **钟楼**下方转向南, 中山中路是整修一新的骑楼街, ⓮ **基督教泉南堂**和 ⓯ **陈光纯故居**分列道路两侧, 看过这些漂亮的西式建筑, 从通政巷向北转入井亭巷, 西街路口的 ⓰ **肃清门遗址**是唐代修建的子城西门, 路旁民居里的 ⓱ **定心塔**又名城心塔, 是古城的中心。从此处向西, 泉州开元寺就在不远处, 入寺之前不妨先拐进北侧的巷子里尝尝 ⓲ **康庄满煎糕**, 而后好好逛逛 ⓳ **泉州开元寺**, 看罢寺内的古建筑和桑莲回到西街, 紫云屏后面的小巷中隐藏着的国内唯一的异姓联宗祠堂 ⓴ **董杨大宗祠**和哥特式的 ㉑ **花巷天主教堂**, 都是避开西街汹涌人潮的好去处, 古城漫步之旅也到此结束。

▼ 泉州古城

福建省

▲ 清源山老君岩

◆ **清源山**　　　　　　　见15页地图

清源山位于泉州北郊，是泉州境内唯一的5A景区。景区内最大的亮点就是位于山下的老子雕塑，又称老君岩。雕塑有千年历史，栩栩如生，是我国现存最大、年代最久远的道教石雕造像之一。从景区西南门进入后即可看到老君岩，雕像前的石碑上书"老子天下第一"，可来此打卡拍照。沿山路上山，一路都有平台可俯瞰泉州城景。弘一法师舍利塔就在山路旁，附近还有许多石刻。继续沿山路可攀登至山顶南台岩，在此处品茶纳凉是本地人的夏日保留节目。也可自驾上山，需从景区南门的齐云售票处进入，可到达南台岩附近的停车场。

门票: 70元

营业时间: 7:00—24:00

微信公众号: 清源山风景区

◆ **安平桥**　　　　　　　见11页地图

安平桥位于晋江与南安交界处的海湾上，因其桥长接近5华里（2.5公里）而有五里桥的别称，其长度是国内梁式石桥之最，号

称"天下无桥长此桥"。安平桥始建于南宋绍兴八年（1138年），其后历经多次修筑，目前其中心部分仍在整修中。从东边晋江一侧进入景区，瑞光塔、超然亭和望高楼等古迹均位于此处，望高楼是安平桥东侧的起点，因桥体尚在整修中，暂时也只能向前走上一段，桥身中部的中亭和旁边的几座护桥将军雕像均无法看到。不过景区内时常举办各种特色活动，让前来观桥的游客不至于空手而归。

门票: 5元

营业时间: 8:00—17:00

厦门市　　0592

◆ **中山路步行街**　　　见19页地图

中山路是厦门老牌的商业步行街，来这里逛一逛才算见识了老厦门。中山路始建于1925年，全长1.2公里，直通大海的马路和两侧成片的骑楼是这里的特色。中山路两边的江夏堂、兰琴古厝、陈化成祠，以及老剧场公园、吉治百货和思明电影院等地点，串起了许多厦门人的回忆。行至中山路

尽头的海边，北侧的鹭江宾馆是厦门的老牌豪华酒店，拥有能将鼓浪屿尽收眼底的无敌观景位，可考虑在此住上一晚。

门票: 免费

营业时间: 全天开放

◆ **厦门大学**　　　　　见19页地图

厦门大学由爱国华侨领袖陈嘉庚先生创办于1921年，校内的建筑充满了古朴的闽南侨乡风格，郁郁葱葱的南国植物布满校园，这里也多次登上"全国最美大学"榜单。校园现已对游客开放，需提前在微信公众号"厦门大学访客预约系统"中预约。从学校新南门的访客中心入口进入，可依次参观鲁迅广场、芙蓉湖、颂恩楼、陈嘉庚像、校史馆和鲁迅纪念馆等地标，之后不妨去东边的芙蓉隧道和有"情人谷"之称的厦大水库旁走一走。大部分游客会从南侧的白城大门离开前往白城沙滩，若想前往南普陀寺则可从另一边的大南校门离校。学校对每日入内的游客实行限流，预约需趁早。

门票: 免费

营业时间: 工作日 12:30—14:00, 双休日、寒暑假以及法定节假日 8:00—18:00

微信公众号: 厦门大学访客预约系统

◆南普陀寺
见本页地图

厦门大学北侧的南普陀寺是厦门的著名古刹, 香客络绎不绝。寺庙规模宏大, 从南到北主轴有天王殿、大雄宝殿、大悲殿和藏经阁四座主殿, 以及功德楼、海会楼、普照楼、太虚图书馆等配楼。从东西两座山门进入寺内, 可在天王殿旁的"赠香处"取香, 在点香处旁的御手池净手后再点香, 之后在天王殿门口祭拜并将香火插入鼎中。寺内的大悲殿是一座八角三重飞檐的楼阁, 颇具特色。藏经阁内藏有《妙法莲花经》等佛门

经典, 后面的文殊院内能请到精美的手串。继续向前, 经过巨大的佛字石刻后便可来到后山的五老峰, 在山顶可俯瞰整座厦门大学的风光。入寺需在微信公众号预约。

门票: 免费
营业时间: 8:00—19:30
微信公众号: 南普陀寺

◆沙坡尾
见本页地图

沙坡尾曾经是厦门港所在地, 经过多年开发, 如今已成为一处艺术街区。大学路是沙坡尾最热闹的地方, 沿街的一座座骑楼都被改造为各色新潮小店。沿大学路一路向西北, 转入民族路之后向南来到避风坞旁

的栈道, 大学路上的许多小店都有后门开到这里, 沿途能看到许多有趣的涂鸦。绕过避风坞可来到沙坡尾艺术西区, 这里由曾经的冷冻厂房改造而成, 会不定期举行各种展览, 也可去沿街小店的天台上拍一张对岸五颜六色的小楼的美照。沙坡尾西南就是厦门的地标建筑世茂双子塔, 塔顶的云上厦门观光厅风景绝佳。沙坡尾东北还有一条顶澳仔猫街, 有许多猫猫主题小店, 爱猫人士不可错过。

门票: 免费
营业时间: 全天开放

◆厦门园林植物园
见本页地图

厦门园林植物园位于厦门岛中南部的万石

▲ 钟鼓索道

山中，园内栽培有 6000 多种植物。游览区大多集中在园区西门附近，其中百花厅和奇趣植物园内有各种珍稀植物，雨林世界则通过每日的定时喷雾（9:30—11:00；15:00—16:00）营造出烟雨朦胧的热带雨林景观。多肉植物区内有高达数米的仙人掌，以及各式各样造型独特的多肉植物。除去植物，园内还有石刻、寺庙等景观，山顶的观景台也有不错的风景。植物园面积很大，如果觉得走路太累，园内也有公交车通向几处主要景点。西门位于山脚，在园内游览需要走很长的山路，如果不想爬山，也可从南门进入，乘坐观光扶梯直达山顶之后，乘坐景区公交前往其他景点。观光扶梯造型颇具特色，游客众多，乘梯通常需要排队。

植物园西门外不远处就是著名的**钟鼓索道**，可乘坐缆车在空中欣赏大海和双子塔同时出现的美景。从南门进入植物园，乘坐"网红"扶梯，游览植物园风光之后从西门离开再体验钟鼓索道是较为流行的一种游览方式。

门票: 30 元

营业时间: 6:30—18:00

微信公众号: 厦门园林植物园

◆ **文曾路**　　　　　见 19 页地图

文曾路自厦门站附近的厦禾路向南，途经御屏山垭口，终点到曾厝垵和环岛南路附近，这条 5 公里长的公路是厦门市内最为人所熟知的山景公路，有 80 多米的高差。过文屏山庄后至望海宾馆的一段道路都在山林间穿行，厦门植物园和上李水库公园分列道路两侧。路上有一处怪坡，号称上坡比下坡更省力，其实这只是视觉误差造成的效果。相对来说，夹在左右两道中间的花溪更有看点，春季的三角梅和风铃木以及各色蔷薇茉莉竞相开放，引人驻足。文曾路上有许多骑行者，驾车通过时需多加注意。

门票: 免费

营业时间: 全天开放

◆ **厦门环岛路**　　　　见 19 页地图

环岛路是厦门的标志之一，路旁建有自行车道，还有步行木栈道串起几座沙滩。自厦门大学旁的白城沙滩至会展中心沙滩一段是环岛路的精华部分，从南到北，沙滩几乎连成一片，还有几处景点穿插其中。白城沙滩向东是胡里山炮台，景区内的克虏伯大炮作为"世界上现仍保存在原址的最古老和最大的十九世纪海岸炮"入选《吉尼斯世界纪录》。面朝大海的曾厝垵是厦门著名的文艺街区，不过其内容略微单调。黄厝海滩绵延数公里，海滩附近还有溪头下和玩月坡等几个网红景点。会展中心沙滩上有深入海中的栈道，适合观看日出。沿环岛路继续向北，五缘湾附近的道路紧临大海，几座连通厦门岛内外的大桥集中于此，继续向前还能看到厦门地铁一号线的列车从海面上驶过。厦门岛西北侧的港口将道路与大海分开，不过继续南下到达筼筜湖，又能看到湖水同大海相连的美景。中山路步行街就在筼筜湖南侧不远处，沿着海岸也能感受到街上的热闹。最后，可驾车到海面上的演武大桥，与鼓浪屿隔海相望顺便近距离看一看厦门的地标世茂双子塔，下桥后，前方不远就是起点白城沙滩。环岛一周大约 45 公里。

门票: 免费

营业时间: 全天开放

微信公众号: 环岛路旅游

特别呈现

骑行厦门环岛路

起点： 会展中心沙滩

终点： 演武大桥观景台

距离： 约 12.5 公里

需时： 约 4 小时

虽然大部分人都会以厦门大学门口的白城沙滩作为骑行环岛路的起点，不过反着走其实也很有趣。早起在 **1 会展中心沙滩** 看过日出，之后挑上一辆称心的自行车开始一路南下，首先会路过 **2 "一国两制，统一中国" 标语牌**。南侧的 **3 椰风寨** 沙滩人不算多，岸边还有一处适合小朋友的海洋科普乐园。此处向南的整条沙滩就是 **4 黄厝海滩**，常有人在沙滩上休憩野餐。继续向前，**5 溪头下** 附近有近来很火的 "开门见沙滩" 打卡点，进入一段下坡路，路旁的 **6 白石炮台遗址** 是厦门岛的最南端，有紧靠大海的栈道。下坡路至 **7 音乐广场** 结束，广场内有风帆形状的造景。**8 曾厝垵** 就在前方不远，马路两边也开始热闹起来，路旁靠海

一侧的 **9 圣妈宫戏台** 有时会有戏曲演出。向西不远处的 **10 书法广场** 沙滩内有几处礁石，日落的景色绝佳，因此也成为本地著名的婚纱摄影地。路过 **11 珍珠湾** 沙滩之后，可到达 **12 胡里山炮台**，景区内的瞭望台是俯瞰环岛路美景的绝佳地点。**13 白城沙滩** 就在西侧不远，会有很多人在此地坐等日落

时分的到来，如果你租用的是鹭岛骑行提供的双排或者四排自行车，那么这里就是最西端的还车点了，若还有时间，可更换坐骑前往 **14 演武大桥观景台**，观赏日落的人会少一些。至此骑行结束，去前面的沙坡尾喝杯咖啡，休息一下吧。

▼ 黄厝海滩

◆**鼓浪屿**　见 11 页和本页地图

没去过鼓浪屿又怎么能说去过厦门呢? 位于厦门岛西南的这座海上花园几乎已经成了厦门的代名词。岛上四季如春,气候温润,多年以来华侨华人在岛上建设了大量的西式建筑,这里因此也被称为"万国建筑博物馆"。建筑和街巷依山而建,小路曲径通幽,兜兜转转间一座漂亮的小楼就会出现在你面前。漫步其中,偶尔迷一下路,在突然出现的咖啡馆里发呆打发时间,鼓浪屿之行仅仅是这样就已经很有趣了。当然,岛上也有许多知名景点:

日光岩

鼓浪屿的制高点和地标,在其顶端的观景平台可俯瞰全岛。岛上总是雾气蒙蒙,若赶上万里无云的好天气,一定不要错过这里的日出。郑成功收复台湾时曾屯兵于此,山上也有操练场等古迹,山脚下的郑成功纪念馆很值得一看。

菽庄花园

这座面朝大海的私家花园将"藏海"与"补山"手法用到极致。在海面上"峰回路转"的四十四桥给花园带来了广阔的视野,桥头补山园中的十二洞天如同怪石做成的迷宫,方向感不好的人可能会迷路。旁边山顶还有一座钢琴博物馆,内有近百架古董钢琴,有时还会有现场钢琴演出。

风琴博物馆

风琴博物馆醒目的红色屋顶在轮渡上就能看到,因房顶为八边形而又有"八卦楼"的别称。馆内的风琴均为华侨胡友义先生捐赠,其中主厅内的诺曼·比尔风琴高达 6 米,引人注目。博物馆主体融合了中外多国建筑的特点,可算是"万国建筑博物馆"的一个缩影。

皓月园

皓月园位于鼓浪屿东端,为纪念郑成功而修建,园内巨大的郑成功像是鼓浪屿的另一个地标。这里距离厦门岛很近,与郑成功像和世茂双子塔来个合影是许多人到这里的重要目的之一。

海天堂构

海天堂构可说是鼓浪屿建筑中西合璧的范本,中式歇山顶和西式外廊混搭出了独特

▲ 鼓浪屿

的主楼，其内部装潢也是中西融合。园内的几座别墅已被改造为博物馆，在主楼内的鼓浪屿建筑艺术馆内能了解到许多岛上的历史典故。注意价值 90 元的鼓浪屿景点联票不包括海天堂构，入园还需购买 88 元的门票。

厦门海底世界

若带着小朋友，海底世界可能比上述古建古迹更令他们感兴趣。海底世界内有 350 余种海水和淡水鱼类，在 80 米长的海底隧道中可以和它们近距离接触。海底世界不大，游客也不算太多，1.2 米以下的儿童可以免费游览。

除去以上这些，岛上有趣的地方还有很多，可能路边随便一座小房子就有不凡的典故，随手拍张照片就能成为经典之作。游客前往鼓浪屿可从筼筜湖北侧的厦鼓码头乘船，轮渡到达岛上的三丘田及内厝澳两座码头，船次密集，购买船票及查询船次信息可关注微信公众号"厦门轮渡有限公司"。距离中山路更近的第一码头亦有同公司运营的豪华客船前往鼓浪屿，行程较短的同时，票价也较高。鼓浪屿全岛禁止机动车及自行车通行，唯有观光电瓶车代步，不过电瓶车经停的地点有限，步行仍是岛上的主要出行方式。

门票：岛上景点联票 90 元，往返船票 35—80 元

营业时间：全天开放
微信公众号：鼓浪屿

漳州市 0596

◆镇海角　　　　　　　见11页地图

镇海角位于漳浦县东南，是一座地形狭长的半岛，整座半岛被草场覆盖，有"小垦丁"的美誉。半岛尖端的岬角处三面环海，日出和日落皆可欣赏到。立于此地的灯塔是半岛的地标，曾经半岛上除去灯塔便无其他建筑，不过在被游客发掘之后，这里的旅游开发也逐步启动。需将车停在半岛北侧的游客中心，之后步行前往岬角的灯塔，景区内也有收费的越野车代步。海边有相框和立牌等打卡设施，不过拍照有可能会收费，当然这里的自然风光已经足够吸引人，忽略掉这些人工干预也未尝不可。

门票：免费
营业时间：全天开放

▼ 镇海角

东山岛

风动石对面的小岛就是东山岛另一个著名景点**东门屿**，岛上沙滩沙质更好，游客也少很多，岛北的东明寺是中国海拔最低的寺庙（海拔 0.6 米），几乎紧贴沙滩而建。前往东门屿的客船码头在风动石景区内，因此想上岛首先要购买风动石的门票。紧靠风动石景区的顶街有连片面朝大海的小楼，电影《左耳》曾在此取景，让小镇名噪一时，如今这里是东山岛上民宿的集中地，旺季时总是游客爆满。

从南门湾向南会到达**马銮湾**，这里是本地著名的海水浴场，周边集中了许多高档酒店。继续沿环岛路向南，路过金銮湾的连片沙滩和苏峰山的观景道之后会来到东山岛南端的**澳角村**，这里游客不太多，还保留着古朴的渔港风情，东侧的大肉山突出于大海之中，登顶可观日出和日落的美景，还能看到脚下澳角村避风港中停靠的数百艘渔船，风景蔚为壮观。

门票：免费

营业时间：全天开放

微信公众号：东山岛文旅

◆ 火山岛旅游度假区　　　见 11 页地图

海边的火山熔岩地貌是漳浦最著名的风景之一，位于县城南部前亭镇附近的这座火山岛旅游度假区拥有核心风景：海面上有两座火山岛，其中南碇岛上有上百万根玄武岩石柱，是目前世界最大的玄武岩石柱群，距离陆地更近的林进屿有数千万年前形成的火山口。不过两座岛屿并无大规模旅游开发，也无正规运营的轮渡前往，普通游客很难登岛，唯有在岸边的旅游区内远观。当然岸边也有难得一见的火山地貌，数以万计的六棱形或四棱形玄武岩整齐排列于此，如同军队列阵一般，颇为壮观。岸边建有粉红色的地质博物馆，不过相对于内部的陈列，建筑物本身以及附带的迷宫反而更吸引游客的眼球。景区内也如其他度假类景点一样配备了各种打卡装置和诸如卡丁车、飞跃丛林的娱乐项目，算是对游客无法登岛的一种弥补。

门票：60 元

营业时间：8:15—18:00

微信公众号：火山岛旅游休闲度假区

◆ 六鳌半岛　　　见 11 页地图

六鳌半岛是漳浦南部海岸的度假胜地，有数条沙质细腻、海景优美的沙滩。从北向南，首先是半岛最著名的景点龙美湾，海风在海边巨石的表面留下了清晰的纹理，远看如同画作一般，于是这里有了"龙美湾抽象画廊"的名字，门票 65 元。继续向南，翡翠湾沙滩旁有一排高大的风车，沙滩上还有许多沙雕作品，此处集中了一些较为高档的度假酒店，门票 99 元。半岛最南端的岬角处有几处免费沙滩，也有巨大的风车作为地标，常有人在此赶海，不过此处海浪较大，赶海还需注意安全。半岛中部还有一座六鳌古城，古城内有关帝庙、天后宫等古建筑，还有许多保存完好的古厝民居，可一并参观。

门票：免费

营业时间：全天开放

微信公众号：六鳌旅游网

◆ 东山岛　　　见 11 页和本页地图

由于距离陆地太近，东山岛这座福建南端的大岛显得更像是一个半岛，数座大桥连通了岛内外，上岛非常简单。岛内的景点大多集中在东北角的**南门湾**附近，**风动石**是岛上最著名的景点，这块重达 200 吨的巨石与地面接触面仅有几寸见方，看上去似乎人力即可推动，每当有大风吹过，巨石还会轻轻摇晃，景区也因此而得名。虽说看似摇摇欲坠，7.5 级地震也没能真正撼动它，可放心在巨石下方拍照。

▲ 东山岛南门湾

▼ 火山岛旅游度假区内的火山博物馆

广东省汕头市 0754

◆南澳岛

见 11 页地图

离开东山岛之后继续向西，经过诏安县后便会进入广东省境内，继续向南不远，横跨大海的南澳大桥就会映入眼帘，大桥连通的南澳岛是广东境内唯一的海岛县，也是一处海滨度假胜地。南澳岛最大的特点就是其东西两侧的山地和中间平坦的县城地区所组成的错落有致的景色，行驶于修建一新的环岛路上，风景随地势的起伏不断变化，“转角遇见海”的美景随处可见，也有栈道供游客近距离欣赏海景。

岛上有数座沙滩，其中最东端的青澳湾最为著名，也是岛上高档酒店的聚集区。南澳岛地处北回归线上，青澳湾北侧就有一座北回归线广场，注意岛西还有一条北回归线公路，和广场是两处景点。环岛的几个岬角处都建有灯塔，配合周边海景颇为出片，最西侧的长山尾灯塔处能拍到南澳大桥的雄姿，这座长达 11 公里的跨海大桥在海面上转了一个大弯，很适合拍照。

虽说大桥的长度令人惊叹，但其宽度仅为双向两车道，离岛方向的四条车道在桥头汇成一条，堵车情况常有发生，旺季时更有可能堵车数小时，还请妥善安排时间。汕头市区东北海边的莱长渡口处有滚装船可载车辆过海至岛上的长山尾码头处，算是一种避免堵车的方法，滚装船定员 90 人，满船即发，具体的班次信息可在微信公众号“汕头市莱长渡口管理所”进行确认。

门票：免费；南澳大桥过桥费 96 元 / 车，只单向收取，离岛不收费

营业时间：全天开放

微信公众号：游南澳

食宿推荐

当地美食

宁德市 霞浦焖螺、辣炒杂螺、宁德大黄鱼

福州市平潭县 八珍炒糕、焖薯粉、海蛎饼

莆田市 莆田卤面、兴化米粉

泉州市 醋肉、面线糊、蚵仔煎

厦门市 沙茶面、土笋冻、海蛎煎

漳州市 蚵仔煎、海鲜粥、海鲜面

广东省汕头市 牛肉火锅、潮汕牛肉丸

热门住宿地

霞浦县 东壁村、北岐滩涂、大京村

平潭县 北岗村、仙人井

莆田市 元妙观、湄洲岛

泉州市 西街、泉州钟楼、万达商业区

厦门市 中山路步行街、鼓浪屿、厦门大学周边

漳浦县 六鳌半岛、火山岛旅游度假区

东山县 南门湾、马銮湾

南澳岛 青澳湾、前江湾

2

闽西南客家文化探寻之旅

厦门市 ➡ 漳州市 ➡ 龙岩市

里程: 533 公里
天数: 6 天
驾驶难度: ★★☆☆☆
新能源车友好度: ★★★☆☆

连绵的大山阻挡了中原的纷争, 南迁的客家人得以在闽西立足, 一座座形态各异的土楼便是他们适应并改造这片"八山一水一分田"的土地所留下的见证。回溯先人的足迹, 探寻沿途的村落古镇与寺庙宗祠, 百折不挠的客家精神定会令你印象深刻。高速公路早已四通八达, 闽西的自驾之旅也变得比以往任何时候都更加轻松。

行程安排

第1天 ①**厦门市** ➡ ②**漳州市**　**58 公里**

②**漳州市** ➡ ③**南靖土楼**　**88 公里**

游览集美区的**集美学村**, 之后沿沈海高速、江滨路行驶至漳州市, 游览芗城区的**漳州文庙**, 之后沿漳武高速、S318 行驶至南靖县的**南靖土楼**, 游览景区内的塔下村并在此夜宿。

第2天 ③**南靖土楼** ➡ ④**云水谣古镇**　**19 公里**

④**云水谣古镇** ➡ ⑤**土楼王景区**　**23 公里**

⑤**土楼王景区** ➡ ⑥**永定土楼**　**6 公里**

继续游览南靖土楼, 之后沿 S318、X607 行驶至**云水谣古镇**, 游览后沿 X607、S318 行驶至龙岩市永定区的**土楼王景区**, 游览后沿 X620、S318 行驶至**永定土楼**, 游览并在此夜宿。

第3天 ⑥**永定土楼** ➡ ⑦**南溪土楼群**　**14 公里**

⑦**南溪土楼群** ➡ ⑧**上杭县**　**89 公里**

早起游览永定土楼, 之后沿 S318、G357 行驶至**南溪土楼群**, 游览后沿 G357、漳武高速行驶至上杭县, 游览**上杭文庙**, 夜宿上杭县。

第4天 ⑧**上杭县** ➡ ⑨**古田会议会址**　**57 公里**

⑨**古田会议会址** ➡ ⑩**芷溪村**　**28 公里**

⑩**芷溪村** ➡ ⑪**连城县**　**54 公里**

游览上杭县的**客家族谱博物馆**, 之后沿上杭

▲ 永定土楼奎聚楼

支线高速、X634 行驶至**古田会议会址**, 游览后沿 X631、厦成线行驶至连城县的**芷溪村**, 游览后沿厦蓉高速、长深高速行驶至连城县, 并在此夜宿。

第5天 ⑪**连城县** ➡ ⑫**培田古村落**　**39 公里**

⑫**培田古村落** ➡ ⑬**长汀县**　**58 公里**

早起游览**冠豸山**, 之后沿长深高速、厦成线行驶至**培田古村落**, 游览后沿 X661、厦成线行驶至长汀县, 夜宿长汀县。

第6天 ⑬**长汀县**

游览**长汀县博物馆**、**三元阁**、**长汀红色旧址群**之后结束行程。

福建省

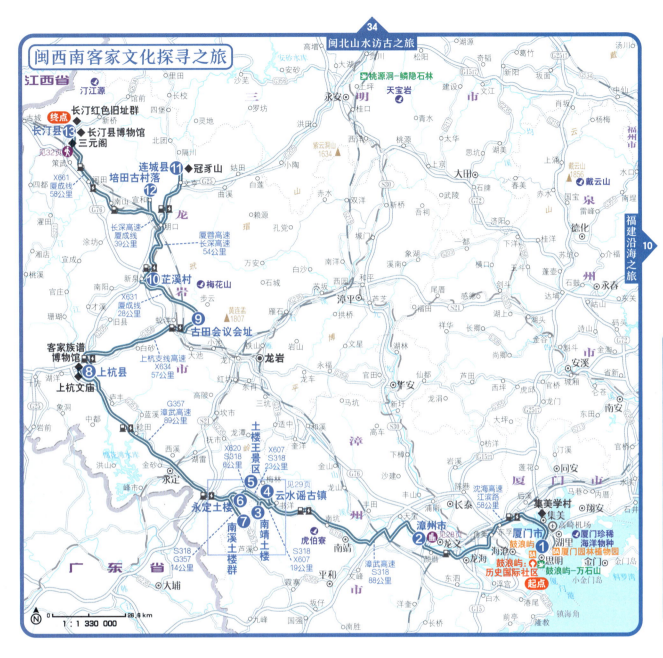

闽西南客家文化探寻之旅

见32页

途中亮点

厦门市　0592

◆**集美学村**　　　　　见本页地图

从小学到大学，陈嘉庚先生在故乡集美建立了多所学府，学村由此得名。学村本身便是一座嘉庚建筑的博览园，各式中西合璧的校舍、会堂遍布在绿树成荫的小径两侧，极具特色。学村靠海一侧有面积巨大的龙舟池，每年端午节这里都会举行盛大的龙舟赛。龙舟池北侧，集美中学的主楼道南楼高大气派，是学村的标志之一。中学东侧，陈嘉庚先生故居、归来堂和归来园连成一线，内有陈嘉庚先生生平介绍和许多珍贵文物。嘉庚公园位于学村东侧的海边，其中最著名的集美鳌园内有众多雕刻，其人物千姿百态，形象生动，是国内石雕艺术的瑰宝。公园内还有陈嘉庚纪念馆

▼ 集美学村南薰楼

和嘉庚文化广场，让你更全面地了解这位华侨领袖。

门票: 免费

营业时间: 全天开放

漳州市　0596

◆漳州文庙
见本页地图

漳州文庙始建于宋庆历四年（1044 年），其后几经废兴，是漳州城内最大的古建筑群。文庙不仅保留了闽南古代木结构的建筑风格，还融入了北方建筑特色，是研究宋代文庙建筑的珍贵实例。大成殿内部结构和细部装饰均为宋代遗物，其结构特殊，除去石柱外，殿内构造皆为木质，斗拱相扣，反映了当时闽南一带较高的石雕刻技术和建筑技术水平。文庙附近是漳州古城的核心部分，汇集了大量明清时期的民居、庙宇、祠堂等建筑，红墙灰瓦，雕梁画栋。

门票: 免费

营业时间: 9:00—17:00

漳州城区

钟法路　大同路　延安北路　银佳宾馆　民主路　新华北路　苍园路
南昌路　东华豆花
亚章传统鸭面　青年路　北桥锅边糊　南昌中路
广和隆猪蹄面　瑞京路　钻石大酒店
初见古城商业街　圆圈瘦仔生烫店
晓文三角饼　孔庙果汁　中闽百汇商场　新华西路　幕雪亭　圆圈卤味
新华西路　建国蚵煎蚵面　云端悦舍酒店　莘正气闽南啫啫煲
老陈诗墩麻糍粿　许老溪封肉干拌面馆　松树干拌面店　达聪小巷五香面
原公园后门四果汤　芳华路　中山公园　郑水根卤味馆
公园阿胖小吃　漳州古城　古城漳州小吃　打锡巷
漳州古城记忆馆　漳州市木偶剧团
漳州石碑坊　台湾路　曾明记肉粽
珈蓝庙　修文西路　修文东路　◆漳州文庙
钟法路　青年路　北京路　新华南路　下沙路　芦溪咸饭
通元庙　博爱西道　江滨路
南山桥　西溪
N　1 : 14 000　0　280 m

◆南靖土楼
见 27、29 页地图

土楼是福建的名片，这些独具特色的建筑如珍珠般散落在闽西南的山水之间，是客家人适应和改造环境、维系家族团结的智慧结晶，有"活着的世界文化遗产"之美誉。南靖土楼是地处漳州境内南靖、华安、平和等县的土楼群，其中位于田螺坑村的步云楼、振昌楼、瑞云楼、和昌楼和文昌楼紧挨在一起，圆楼环抱方楼，因而有了"四菜一汤"的别称，是南靖乃至福建土楼的标志之一。田螺坑周边有上下两座观景台，在上观景台可拍到全景。

自田螺坑向西北会到达南靖土楼的另一座标志性建筑裕昌楼，建于元末明初的裕昌楼是目前已知最古老、规模最大的圆楼，堪称南靖土楼的"天花板"。进入楼内，你会

震惊于支撑楼体的立柱竟然东倒西歪，不必惊慌，裕昌楼建成已有 700 余年，历经无数考验屹立至今，本地居民常为此自豪不已。继续向北会来到塔下村，两座土楼与流淌其间的溪水组成了一幅"太极水乡"的图景，不过需要在较高的地方才能看得真切。村中的许多土楼已被改建为民宿，可在此住上一晚，享受宁静的土楼之夜。

门票: 90 元

营业时间: 全天开放

微信公众号: 福建土楼南靖景区

◆云水谣古镇
见 27、29 页地图

云水谣古镇原名长教村，历史悠久，山清水秀，2006 年电影《云水谣》在此取景，古老的村庄于是也热闹了起来，有了现在

▼ 云水谣古镇怀远楼

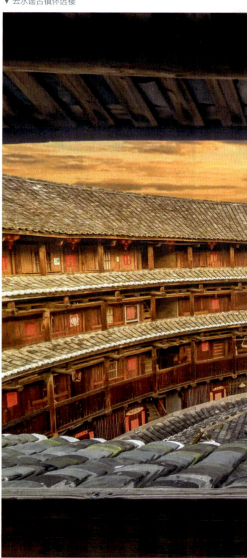

漳州小吃

漳州是台湾小吃的发源地，如何在有限的时间和空间内品尝更多的本地美食是旅行者来到漳州所面临的最大课题之一。小吃种类繁多，锅边糊是将大米打成糊状在锅边烤制，再加入骨汤制成，味道浓郁；面煎粿外侧脆皮内夹桂花露等甜馅，中间层有粿糕，下油煎过后，外焦里嫩；菜头粿是萝卜大米打碎成浆后煎炸而来，和传统甜辣酱是绝配；麻糍是筋道的糯米团裹上脆片，口感软绵酥脆；三角饼馅料丰富，入口香气四溢；蚵仔煎中的海蛎裹上了蛋液，煎成金黄饼状，若觉得太油可以配上腌萝卜一起入口。漳州的面类小吃种类也很多，卤料是一大特色，招牌卤面不可错过，卤汤由十余种原料调制而成，口味独特，手抓面、干拌面和沙茶面也值得品尝。本页的漳州城区地图中也提供了一些小吃店的位置信息，不少评价很高的店铺门脸看上去颇为一般，不必在意，放心进入即可。

的名字。河畔的大水车是当年剧组搭建的，如今已成古镇地标，出现在影片中的几栋建筑已成为打卡地，电影本身也会每日在古镇中放映。古镇周边有数十座土楼，其中南侧的和贵楼与北侧的怀远楼都入选了《世界遗产名录》。和贵楼是一座方楼，高 21.5 米，因建在沼泽之上而采用了复杂的构造以夯实地基，在天井内用力跺脚，鹅卵石地面就会轻微震动。怀远楼建成于 20 世纪初，可以说是土楼工艺的集大成之作，楼身四周建有数座瞭望台和射击口，防御功能完备。

门票： 90 元

营业时间： 全天开放

微信公众号： 福建土楼南靖景区

◆土楼王景区　　见 27 页和本页地图

所谓土楼王，指的便是漳州与龙岩交界处高北村内的承启楼，楼高四层，从外到内有四个圈环，房间也有四百多间，是名副其实的楼王。进入土楼后若想上楼，还需再交

南靖土楼、永定土楼及周边

10 元上楼费，中心的祖堂及其外侧的三个同心圆可能是所有土楼中最上镜的，因此大部分游客都会选择上楼拍照。承启楼是电影《大鱼海棠》中主角家的原型，电影中的许多场景都可在楼中找到。景区内还有侨福楼、世泽楼、五云楼等几座土楼，也有观景台可登高欣赏景区全貌。土楼王景区不大且景点集中，于是也成为团队游的最爱，每日午后旅游团会集中到来，尽量避开这一时间段。

门票： 50 元

营业时间： 全天开放

龙岩市　0597

◆永定土楼　　见 27 页和本页地图

自土楼王向西，不久便会到达洪坑村，这里是福建土楼（永定）景区的核心部分。从北部进入景区，首先会路过永定土楼中最小的如升楼，其内院直径只有 5 米，住户仅六户，虽空间极小但井然有序。与之形成鲜明对比的是其南侧不远处高大气派的振成楼，有"土楼王子"之称的振成楼由两环同心的圆楼组合而成，高 4 层。内环也有两层高，二层回廊采用了铸铁花饰围栏，福建土楼仅此一家，中心的祖堂由四根石柱支撑，如戏台般开阔。河对岸的福裕楼建于 1880 年，形式介于五凤楼与方楼之间，内部结构复杂，可入住建于楼内的民宿，更好地欣赏这座土楼的建筑细节。福裕楼身

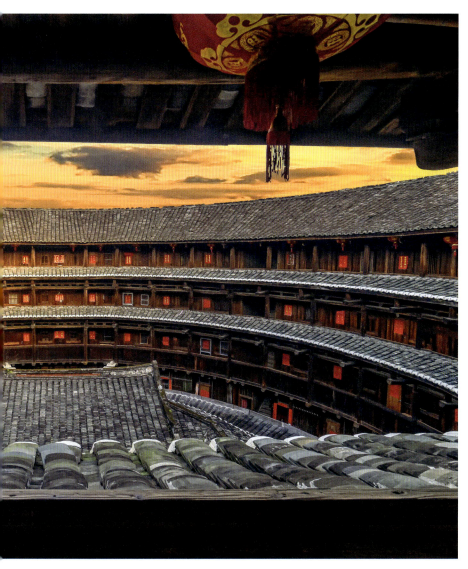

闽西南客家文化探寻之旅

土楼的形制

土楼王、土楼爷爷、土楼王子、土楼公主……身处"土楼一家人"之中你是否也有些迷糊了,这些或方或圆的中式城堡虽然看上去大差不差,但其内部也多有不同。土楼大体经历了从五凤楼到方楼再到圆楼的演化过程,五凤楼脱胎自北方传统四合院,加高了两侧的厢房以稳固防御,中间的主厅也被加高至三到五层,以得到较好的视野。因低矮的连廊部分防守能力薄弱,五凤楼逐渐被方楼所取代,厢房与前堂继续加高且与主楼其他部分连为一体,成为四方形的围楼。方楼四周亦存在视野死角,于是土楼进化为圆形。圆楼是土楼的终极形态,这种对称布局最大限度地增强了楼身的稳定性,同时也使得楼内房间可以被分配为大小一致的单元,更加公平。大部分土楼均以石筑地基,夯土筑外墙,其底层墙体厚度可达数米,房檐下方墙体较薄,内有射击孔、瞭望台和密道等防御设施,有的还专门设置了防火灌水道。圆楼多采用内通廊式结构,也有部分圆楼用防火板对内部单元加以区隔,单元布局大体相同,一层为厨房,二层为粮仓,三层以上作为起居室。祖堂位于楼体正中,是族人婚丧嫁娶等重要活动的举行场地。大部分土楼至今仍有本地人居住,土楼的一层通常会有他们经营的店铺。

后的奎聚楼内有更具北方四合院特色的飞檐斗拱,其宫殿式结构层次分明,在一众土楼中显得独具特色。景区的最南端建有土楼自然博物馆,不过相对于土楼,博物馆内更多的是关于本地发现的各种古生物化石的展览,博物馆周边是景区内度假酒店的聚集区,居住体验可能会比土楼内的民宿好一些。

门票: 联票 90 元

营业时间: 8:00—17:00

微信公众号: 福建土楼永定景区

◆ 南溪土楼群　　　见 27、29 页地图

离开洪坑村后继续向西南,南溪河沿岸的南溪土楼群中也有数座土楼入选《世界遗产名录》。其中最北侧的振福楼被誉为"土楼公主",楼内采用八卦布局设计,雕刻精细,富丽堂皇,是 20 世纪初客家土楼融合部分近代西方建筑艺术和中国园林艺术的杰作之一。溪流交汇处的衍香楼高 4 层,直径 40 米,外墙自下而上逐层递减,内部楼层间的飞檐错落有致,拍照效果很好且游客不多。继续向南,南中村内的环极楼由三层同心圆组成,圆心中并未如其他土楼般设置祖堂,而是保留了一片平地,站在这里发声有明显的回声。除去这些知名土楼,南溪沿岸还有各式各样的土楼两百余座,绵延近十公里,有"土楼长城"的名号,行走其间如同进入一座露天的土楼博物馆。

门票: 50 元(含振福楼、衍香楼和环极楼)

营业时间: 8:00—17:00

◆ 上杭文庙　　　见 27 页地图

明清时期各府县均设置文庙,许多已无迹

可寻或仅存一两栋建筑。然而福建却有许多文庙保存较为完整,上杭文庙就是其中之一。上杭文庙有典型的文庙布局,其中大成门前分为三路,左右均作坊,其后为完整院落。这样一来充分利用空间,又有尺度的变化。大成门前后两个院落均近似正方形,文庙前按惯例置下马碑,不过因为周边环境的变迁,无法判断其是否还在原来的位置。文庙旁的瓦子街是县城最繁华的地段,街边建筑青砖灰瓦颇具特色,有"客家第一街"之称。

门票: 免费

营业时间: 全天开放

◆ 客家族谱博物馆　　　见 27 页地图

位于上杭县的客家族谱博物馆,前身是上杭县图书馆附馆客家姓氏谱牒馆,成立于 2000 年 11 月世界客属第 16 届恳亲大会举办之际, 2011 年更名为客家族谱博物馆。博物馆以客家族谱为中心,展示了包括客家宗族文献、民俗器物文物在内的一系列藏品。博物馆藏有闽、粤、赣、川、桂、台等客家地区 153 个姓氏、20000 多册客家族谱,并藏有 19000 多份客家契约,为海内外客家人寻根问祖、族谱对接提供了极

大的帮助。

门票: 免费

营业时间: 6 月 1 日至 9 月 30 日 8:30—11:30, 15:30—17:30; 10 月 1 日至 5 月 31 日 8:30—11:30, 15:00—17:00

微信公众号: 客家族谱博物馆

◆ 古田会议会址　　　见 27 页地图

星星之火可以燎原,1929 年 12 月 28 日至 29 日,红军第四军党的第九次代表大会在古田召开,会上通过了著名的《古田会议决议》,对中国革命产生了深远的影响。古田会议的会址如今已成为龙岩的标志之一,高铁在此设站,站名也是"古田会址"。会址原为廖氏宗祠,又称万源祠,为四合院式建筑,坐东朝西,沿中轴线依次为前院、前厅、天井、后厅。后厅便是曾经的古田会议会场,左厢房有毛泽东、陈毅在古田会议期间的办公室,右厢房有朱德办公室。祠堂外面是古田会议广场,左侧就是当年红军的阅兵场,场上设有司令台。1930 年元旦,红四军还在此召开了别开生面的军民联欢会。

门票: 免费

营业时间: 8:00—18:00

微信公众号: 古田会议纪念馆官方号

◆ 芷溪村　　　见 27 页地图

芷溪村位于上杭县与连城县之间,有七百余年的历史,数百座明清时期的宗祠和民居散落在村中各处,许多老房子的状况并不算好,但保留着原貌。村中并无旅游开发痕迹,也没有成形的景点,东侧的黄氏家庙算是一处地标,其对面的鹅卵石路两侧集中了村中大部分老房子,顺路能找到杨氏家庙和集鳝堂等古建筑,不过大部分路过的宗祠家庙都无法进入,只可远观。芷溪有编制花灯的习俗,正月里的花灯巡游非常出名,村中的澄川公祠内有一些关于芷溪花灯的介绍和展示。

门票: 免费

营业时间: 全天开放

李氏大宗祠

自永定土楼前往上杭县的途中便会路过这座最大的客家宗祠,宗祠内有 104 间客房、26 间客厅和三座大厅,建筑本身也颇具特色。宗祠内挂满了李氏后人捐赠的牌匾和锦旗,门口的大树亦是由族人捐赠而来,主厅内贴有李氏"名人堂",其中能找到许多熟悉的名字。宗祠是许多人前往上杭的重要理由,可惜的是,宗祠在 2024 年 6 月 16 日凌晨的暴雨中发生大面积坍塌,两侧的厢房几乎全毁,唯中心三座主厅未有大碍,可谓不幸中的万幸。宗祠现已无法参观,期待它能早日能再次开放。

▲ 古田会议会址

◆冠豸山

见27页地图

冠豸山位于连城县城东1.5公里处，是连城县的名片，连城县的火车站亦名为冠豸山站。冠豸山因其峰似巨冠而得名，景区由冠豸山、石门湖、竹安寨、九龙湖、旗石寨五大部分组成，属典型的丹霞地貌。游览通常从乘坐石门湖游船开始，经过大约20分钟的水上游览后来到山脚下，走过一段山路后到达鲤鱼背，乘坐此处的观光扶梯来到山顶观景台，观景台是欣赏冠豸山标志——生命之根的最佳位置，也可在此俯瞰连城全景。从这里转向西，景区内大部分人文景观名人题刻等都在附近，游览后可从西门离开。山顶长寿庭附近有索道前往更远的竹安寨和九龙湖等新开发景点，索道本身的体验也非常刺激。

门票：40元，含景区内其他景点联票：80—240元

营业时间：8:00—17:30（夏令时）；8:00—17:00（冬令时），景区内游船索道及扶梯通常提前一小时结束运营

微信公众号：冠豸山

◆培田古村落

见27页地图

始建于南宋的培田古村落是闽西古村落的代表之一，村内建筑多为清代所建，青砖灰瓦，风格统一又各具特色。恩荣牌坊是古村的标志，系清光绪帝赐予村中出身的武进士吴拔桢，进士第（务本堂）则是他的故居，是培田目前保存最完好的古建筑之一。建筑主体坐西朝东，左右并不对称，正门额上高高悬挂进士金匾，颇为显眼。大夫第（继述堂）是培田最大的"九厅十八井"宅院，始建于清道光年间，内有18个厅堂，24个天井，108个房间，屋内醒目的"登科"牌匾也在提醒你屋主的不凡。除去这些，村内还有双善堂、衍庆堂等古建筑，漫步在村中的鹅卵石路上，随手都能拍出不错的照片。村对面的山坡上设有观景台，可登高俯瞰古村全景。

门票：50元（景区通票）

营业时间：8:00—22:00

▼ 培田古村落

特别呈现

漫步长汀

起点： 天后宫

终点： 五通庙

距离： 约 3.5 公里

需时： 约 3 小时

长汀曾是古汀州州府的所在地，作为闽西的客家首府，这里在明清时又因航运贸易而繁华，大量与之相关的历史遗迹散落城中，值得好好品味。逛完东大街上的❶**天后宫**，可以先参观一下旁边的❷**红色文化步行街**，之后从一旁的台阶登上城墙，北边的这一半城墙几乎和民居连为一体，不少民居都把后门开到了城墙上，穿过城墙边的❸**紫阳祠**和❹**状元亭**等古建筑之后深入东大街旁的小巷中，❺**国立厦门大学旧址**就位于路东，抗战爆发后，厦门大学的380多名师生曾来此地办学，留下了不少动人的故事。向南进入兆征路，看过路旁巷子里的❻**刘氏家庙**和❼**上官氏宗祠**，古城墙上醒目的❽**济川门**就会映入眼帘。从这里登上城墙，穿过横跨城墙上方的❾**五通楼**，看看川流不息的汀江，之后从南侧的❿**惠吉门**离开城墙。先别急着去店头街，向东经过⓫**大丈夫庙**后会来到⓬**宝珠门**，这是座内外双层城门，楼上还有一座宝珠寺。从这里向北进入古城的核心区，路东的⓭**紫云公祠**看着不太起眼，与对面高大的⓮**卧龙书院**形成了鲜明的对比。继续向北路过⓯**余氏家庙**后来到著名的⓰**三元阁**，看过城门上的

魁星像，⓱**长汀县博物馆**就在对面，除去主题展览，博物馆中还能找到许多城内外古建筑的照片，很有看点。从博物馆大门口向东可看到古城的另一座地标⓲**汀州文庙**，文庙门口有高大的棂星门，门前还有石碑，上刻"历代官员下马处"。从这里向南转入⓳**店头街**，街上遍布各种小吃店，路旁有座⓴**飞虎队长汀纪念馆**，可入内了解相关历史。最后向东转入路边的小巷，巷子里主财神的㉑**五通庙**，至此行程结束。

▼ 长汀县城

▲ 三元阁

◆长汀县博物馆　见27、32页地图

长汀县博物馆所在的主楼始建于宋代，是当时汀州禁军的属地，明清时期成为汀州试院，是八县才子考取秀才的场所，革命时期此地曾是苏维埃政府所在地，福建省第一次工农兵代表大会便是在这里召开。博物馆共有四个展厅，其中通过客家专题展可以了解客家先民历次南迁的过程和路线，还有关于古汀州府历史的介绍。剩余三个展厅皆为革命历史主题，可在此了解长汀在国内革命中的重要意义，对这座"红色小上海"有更全面的认识。瞿秋白曾被关押在此41天后英勇就义，博物馆园内也有瞿秋白关押处的遗址。

门票：免费

营业时间：8:00—12:00, 14:30—17:30；周一闭馆

微信公众号：长汀县博物馆

◆三元阁　见27、32页地图

三元阁位于汀州古城内，长汀县博物馆的对面。古建始建于唐大历年间，为汀州刺史陈剑迁州筑城时的南大门，原名鄞江门，后改称广储门。明弘治十二年（1499年）建城楼，清代改称"三元阁"，"三元"即状元、会元、解元。由于三元阁正对着汀州试院，因此在阁中设有一尊魁星塑像，手执朱笔对着试院，意在镇文风、盛科举。初到长汀的游客，在现代建筑中见到古色古香的三元阁，会有恍如隔世的感觉。

门票：免费

营业时间：全天开放

◆长汀红色旧址群　见27页地图

长汀被称为"红军的故乡"，是第二次国内革命战争时期中央苏区的经济文化中心，老一辈无产阶级革命家曾在这里从事过伟大的革命实践。长汀县博物馆也是福建省苏维埃政府旧址的所在地，许多重要的决议曾在这里被表决并通过。福音医院坐落于长汀县城北卧龙山下，南昌起义部队路经长汀，医院热情为起义军服务，接收了300多位伤员。辛耕别墅原系长汀商会会长卢氏的住宅，别墅门前有一条风景秀丽的金沙河，红四军首次入闽时曾驻扎在这里。

门票：免费

营业时间：全天开放

▼ 长汀红色旧址群辛耕别墅

食宿推荐

🥣 **当地美食**

厦门市　沙茶面、土笋冻、海蛎煎

漳州市　面煎粿、锅边糊、卤面

龙岩市　上杭鱼白、连城白鸭、长汀河田鸡

🛏 **热门住宿地**

南靖县　塔下村、云水谣古镇

永定土楼　洪坑土楼群、南溪土楼群

上杭县　上杭站、紫金公园、上杭文庙

连城县　连城汽车站、芷溪古村

长汀县　长汀古城、店头街、丁屋岭

闽西南客家文化探寻之旅

3

闽北山水访古之旅

福州市 ➡ 三明市 ➡ 南平市 ➡ 宁德市 ➡ 浙江省

丽水市 ➡ 宁德市 ➡ 浙江省温州市 ➡ 宁德市

福建北部有着世所罕见的壮丽山水，而与美景结伴出现的无数名胜古迹又成为山水的绝佳注脚，武夷山之秀美与太姥山之惊奇早已为人们所熟知，闽浙交界处隐藏着的一座座造型别致的廊桥更令人相见恨晚。本条线路穿越福建最重要的几个茶叶产区，欣赏美景之余也别忘了品一杯来自山水之间的清香。

里程： 1296 公里
天数： 12 天
驾驶难度： ★★★★☆
新能源车友好度： ★★☆☆☆

行程安排

第1-2天 ① 福州市

游览福州市的**三坊七巷、三山两塔、福建博物院、鼓山、上下杭、福道**，夜宿福州市。

第3天 ① 福州市 ➡ ② 尤溪联合梯田　188 公里

② 尤溪联合梯田 ➡ ③ 尤溪县　44 公里

③ 尤溪县 ➡ ④ 将乐县　111 公里

沿福兰线、G235 行驶至三明市尤溪县的**尤溪联合梯田**，游览后沿 G235 行驶至尤溪县城，游览**朱子文化苑**，之后沿沙厦高速、福银高速行驶至将乐县并在此夜宿。

第4天 ④ 将乐县 ➡ ⑤ 泰宁大金湖　72 公里

⑤ 泰宁大金湖 ➡ ⑥ 泰宁县　11 公里

早起游览将乐县的**玉华洞**，之后沿福银高速、X763 行驶至**泰宁大金湖**，游览后沿 X763、开泰路行驶至泰宁县，游览**泰宁古城**，夜宿泰

宁县。

第5天 ⑥ 泰宁县 ➡ ⑦ 上清溪　20 公里

⑦ 上清溪 ➡ ⑧ 和平古镇　37 公里

⑧ 和平古镇 ➡ ⑨ 武夷山　111 公里

沿金湖东路、X758 行驶至**上清溪**，沿途可参观**泰宁明清园**，游览上清溪后沿 X761、S205 行驶至南平市邵武市的**和平古镇**，游览后沿浦武高速、宁上高速行驶至**武夷山**，沿途可游览邵武市内的**宝严寺**，夜宿武夷山附近的三姑度假区。

第6-7天 ⑨ 武夷山

游览武夷山。

第8天 ⑨ 武夷山 ➡ ⑩ 五夫镇　47 公里

⑩ 五夫镇 ➡ ⑪ 建瓯市　97 公里

早起游览三姑度假区东北的**下梅村**，之后沿

宁上高速、京台高速行驶至武夷山市的**五夫镇**，游览后沿京台高速行驶至建瓯市，游览**建瓯文庙、建瓯东岳庙**，夜宿建瓯。

第 9 天　⑪**建瓯市** ➡ ⑫**白水洋**　**138 公里**

⑫**白水洋** ➡ ⑬**庆元县**　**134 公里**

沿 G237、G235 行驶至宁德市屏南县的白水洋，游览**白水洋、鸳鸯溪**，之后沿宁上高速、长深高速行驶至浙江省丽水市的庆元县，游览**廊桥博物馆**，夜宿庆元县。

第 10 天　⑬**庆元县** ➡ ⑭**月山村**　**49 公里**

⑭**月山村** ➡ ⑮**下党村**　**27 公里**

⑮**下党村** ➡ ⑯**寿宁县**　**41 公里**

沿 S329、官下线行驶至**月山村**，游览后沿官下线行驶至福建省宁德市寿宁县的下党村，游览**鸾峰桥**，之后沿 X942、G235 行驶至寿宁县，游览**仙宫桥、升平桥和飞云桥**，夜宿寿宁县。

第 11 天　⑯**寿宁县** ➡ ⑰**南浦溪风景区**　**64 公里**

⑰**南浦溪风景区** ➡ ⑱**泰顺廊桥文化园** **30 公里**

⑱**泰顺廊桥文化园** ➡ ⑲**福鼎市**　**45 公里**

沿溧宁高速、龙丽温高速行驶至浙江省温州市的南浦溪风景区，沿途游览**徐岙底古村、文兴桥**，游览**南浦溪风景区**，之后沿龙丽温高速、S331 行驶至**泰顺廊桥文化园**，游览后沿 S331、京岚线行驶至福建省宁德市的福鼎市，夜宿福鼎市。

第 12 天　⑲**福鼎市** ➡ ⑳**太姥山**　**30 公里**

沿太姥大道、沈海高速行驶至**太姥山**，游览后结束行程。

福建省

▲ 三坊七巷

三坊七巷及周边

途中亮点

福州市 0591

◆ 三坊七巷   见本页地图

三坊七巷是浓缩了老福州历史精华的街区，是老福州的缩影，也是国内保存最完好的里坊制街区之一。三坊七巷是南后街两旁从北到南依次排列的十条坊巷的总称，三坊为衣锦坊、文儒坊、光禄坊，七巷则指杨桥巷、郎官巷、安民巷、黄巷、塔巷、宫巷、吉庇巷。由于吉庇巷、杨桥巷和光禄坊改建为马路，现在保存的实际只有二坊五巷。三坊七巷始建于晋代，其坊巷的名称大多是宋代时定下的，至明清时形成今天的规模。街区内拥有159处保存较好的明清古建筑，被誉为"城市里坊制度活化石"。包括林则徐、沈葆桢、林旭、严复、林纾在内的许多历史名人都曾在这里生活过，这里因此也留下了各式各样的名人故居和历史建筑，极具历史文化保护价值。景区东北角的东百中心内设有观景台，可俯瞰三坊七巷全景。

门票： 免费

营业时间： 全天开放，各园林故居8:30—17:00

微信公众号： 福州名城

◆ 三山两塔   见本页地图

三山两塔是福州的标志，"三山"指市区内的**乌山**、**于山**及**屏山**，两塔则是分别位于前两座山脚下的乌塔和白塔。乌山是三山之首，历史积淀深厚，自唐代时期就已是旅游胜地。山腰处的道山亭、黎公亭是欣赏山景的好地方，道山亭附近遍布摩崖石刻，其中唐代书法家李阳冰的篆书"般若台"堪称一绝，是福州现存最古老的石刻之一。山上还有许多祠堂，如纪念宋代理学家朱熹的朱子祠，纪念戚继光、俞大猷的戚俞二公祠等。山脚下的乌塔本名崇妙保圣坚牢塔，建于五代时期，有精美的石雕遍布塔身，底层还有八大金刚造像。与乌塔遥相呼应的是于山脚下的白塔，因外墙涂满白灰而得名，白塔建于唐代，明代曾因雷火焚毁而重建，它身后的于山虽然不高，但登临山顶仍然可以俯瞰福州全景，山中有戚公祠、榕寿岩、补山精舍等古建，位于山体正中的大士殿曾在辛亥革命中成为前敌指挥部。城区北侧的屏山因山峰形似屏风而得名，山顶的镇海楼高大气派，登楼可看福州全景，天气晴好时甚至有可能看到大海。

门票：免费

营业时间：全天开放

◆福建博物院
见 36 页地图

福建博物院坐落于城区东北角的西湖公园旁，是一座集博物馆、自然馆、积翠园艺术馆、考古研究所、文物保护中心、国家水下考古基地为一体的综合性博物馆。拥有馆藏文物和各类标本 28 万余件，其中珍贵文物 3 万余件。主体建筑集合了众多福建文化特色元素，如富有福建民居特色的几字形屋顶和体现"闽"字内涵的图腾柱等。博物馆中最重要的陈列是位于主楼二楼的"福建古代文明之光"，通过数百件文物和模型详细展现了福建的历史，其中五代闽国鎏金王延翰狮子炉是镇馆之宝。主楼东侧还有造型神似福建土楼的自然馆，内有各种生物标本和化石陈列，也很值得一看。

门票：免费

营业时间：9:00—18:00，周末及法定节假日 9:00—20:00；周一闭馆

微信公众号：福建博物院

◆鼓山
见 35 页地图

鼓山位于福州市东郊，相传山顶有一巨石平展如鼓，每当风雨之际，便发出如鼓声般隆隆的声音，故得此名。景区内共分石鼓景区、鼓岭景区、磨溪景区等六个区域，内有300 多处风景名胜，15 个文物保护单位。可乘坐缆车登山，从地铁鼓山站 A 口出站，缆车出发点就在前方不远，缆车的轿厢为非封闭式，这在国内景点的缆车中并不多见。经过约 20 分钟后可达半山腰的十八景园南门，十八景园需单独购票进入，内有各种青松奇石和摩崖题刻，建在悬崖边的玉石云梯体验更是非常刺激。从十八景园南门沿山路继续向东会来到人称"闽刹之冠"的涌泉寺，这座建于五代时期的古寺以陶塔、血经、雕版而闻名，天王殿门前的千佛陶塔建于宋代，1972 年由龙瑞庙迁移而来。鼓山缆车为东西向运行，冬日在缆车上看到的日落美景令人印象深刻，不过乘坐缆车经常需要排队。

门票：免费；缆车票：单程 50 元，往返70 元

营业时间：全天开放；缆车 8:00—17:30

微信公众号：福州市鼓山旅游景区

◆上下杭
见 36 页地图

上下杭是清代福州的商业中心之一，保留了许多历史建筑。下杭路是区内的主干道，路旁汇聚了一批清代建成的会馆和祠堂。路南的福州市非物质文化遗产展示馆由绸布庄改建而来，经常会有曲艺表演。下杭路最东端有修缮一新的陈文龙纪念馆，从这里向南，横跨三捷河上的三通桥造型古朴，是上下杭的地标之一。可从此处转向西，河边的三通桥下有媲美江南水乡的小桥流水美景，南岸的永德会馆有精致的阁楼，其内部有永春和德化两地旅游资源的相关展示。

▼ 上下杭

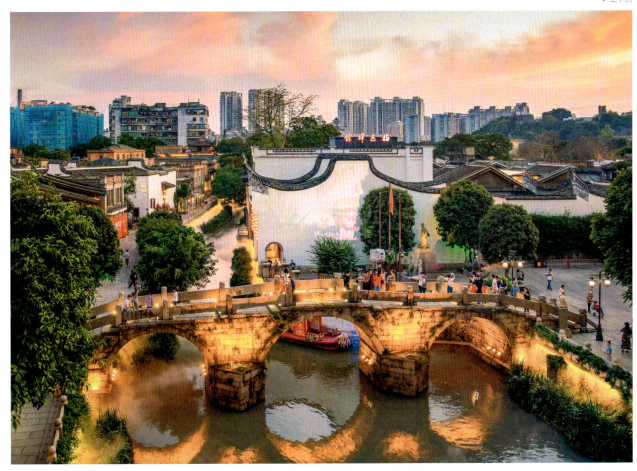

▲ 福道

沿河一路走到隆平路，路旁的福州市美术馆是一座漂亮的三进院落，常有艺术品展示和讲座等活动在这里举行。

门票： 免费
营业时间： 全天开放

◆ 福道
见 35 页地图

福道是修建于福州市郊几座公园内的空中栈道系统，通过栈道将山体同城市公共空间相连，在提供更开阔视野的同时也让山体景观变得更立体。最早的空中栈道建在城区东北侧的金鸡山公园内，茉莉花观景平台是这条步道的标志。那之后规模更庞大的左海公园—金牛山城市森林步道开通，"福道"的名字也正式确定。福道连接了左海公园、梅峰山地公园、金牛山体育公园、国光公园及金牛山公园等五个公园，悬空钢架栈道长约 8.4 公里。福道有 10 个主要出入口，其中从 3 号口到 5 号口的区间是精华路段，栈道如丝带般穿行于群山之间，夜晚还会亮起景观灯，如同一条流光溢彩的长河。

门票： 免费
营业时间： 全天开放

◆ 尤溪联合梯田
见 35 页地图

联合梯田位于尤溪县联合乡，是涉及联合、联东、联南、联西等 8 个行政村，面积近万亩的巨大梯田群。清晨的阳光照亮梯田，火

红的晚霞下梯田又变得金光闪耀。艳阳高照时散落山间的大小梯田犹如镶嵌在山中的一块块宝石，大雾时节梯田又会淹没在云雾之中，给人以"不识庐山真面目"之感。8 个村子中，连云村的梯田规模最大，东边村的梯田则最为舒缓，若想看到稻田以外的作物，云边村的梯田上种植了各种花卉，四季都有不同的色彩。随处可见的美景使得联合梯田成为摄影师的最爱，梯田在 4 月的春耕放水期和 9 月的秋收时期风光最好，届时附近也会挤满前来拍照的人群，相对来说，6 月的水稻生长期以及秋季银杏变黄时梯田的风景也不错，可考虑此时前来以避开人潮。

门票： 免费
营业时间： 全天开放

◆ 朱子文化苑
见 35 页地图

尤溪是南宋著名理学家、教育家朱熹的诞生地，为了纪念这位著名的思想家，县城内便建起了这座文化园。文化园主体由朱熹塑像广场、朱子文化苑、博物馆和南溪书院等几个部分组成，其中朱子文化苑号称"中华匾额第一馆"，收集有明清时期的牌匾1500 多方。朱熹塑像广场上的朱熹塑像高9.15 米，由艺术家叶宗镐先生设计，恢宏大气。南溪书院为二进制重檐歇山顶木构建筑，主体建筑由升山书院、韦斋祠、瘗衣处、文公祠、半亩方塘、活水亭、镇山书院等所组成，是传播朱子学说和孔孟之道的场所。

门票： 免费
营业时间： 8:30—16:30；周一闭馆
微信公众号： 朱子文化苑

▼ 尤溪联合梯田

三明市　0598

◆玉华洞
见 34 页地图

玉华洞位于三明市将乐县，全洞总长 5 公里。因洞内岩石光洁如玉，光华四射而得名。是福建省最长最大的石灰岩溶洞，属典型的喀斯特地貌景观，徐霞客游此洞后留下了"弘含奇瑰，炫巧争奇，遍布幽奥"的赞语。溶洞入口处的"一扇风"，风声不止，洞中有两条通道，由藏禾洞、雷公洞、果子洞、黄泥洞、溪源洞、白云洞等 6 个支洞和几条小河组成，因岔路较多，在洞中游览时还需紧跟导游。游览全程大约一个半小时，出口处的"五更天"可以使人体验到一刹那由昏暗转为光亮的不凡景色。

门票： 118 元

营业时间： 8:15—16:30

微信公众号： 玉华古洞

◆泰宁大金湖
见 34 页地图

泰宁大金湖是世界遗产"中国丹霞"的一部分，以典型青年期丹霞地貌为主体，兼有火山岩、花岗岩、构造地貌等多种地质遗迹。金湖本身因下游水库的建设而形成，与周围的赤石群一同构成了"水上丹霞"奇景，丹霞地貌绵延数十公里，与清丽优雅的湖面融为一体。游览景区的唯一方式便是乘船。因发船期固定，散客也必须成团并跟随导游游览。行程中会有甘露寺、斜线天、野

趣园三处陆上景点，建于崖缝之中的甘露寺有八百余年的历史，其主体建筑下方仅有一根柱子支撑，朱红色的外墙与周围的红色相得益彰，是整个景区的精华部分。斜线天又名陆地一线天，因岩壁倾斜而得名，最窄处只容一人侧身通过。野趣园的主体部分是一个小瀑布，除此之外剩下的内容皆为各式表演和配套的土特产推销，稍显无趣。由于全程成团，游览需按照导游的时间安排进行。除去陆上三个景点，剩余的部分以在水面眺望各处风光为主，游船通常有两层，想去视野较好的二层欣赏风景需要另付费（买福袋）。游览全程大约 3.5 小时，通常每日上午会有三班面向散客的船次，最早一班在 8:30 左右，下午通常只有 13:30 的一班，需妥善安排时间。

门票： 163 元（含门票、船票及讲解）

营业时间： 8:00—14:30

◆泰宁古城
见 34 页地图

泰宁古城始建于唐代，明清时期达到鼎盛。古城内最著名的景点是建于明代的尚书第，这座庞大的古建筑群是明天启年间兵部尚书李春烨的府邸，建成至今已有近 400 年历史。府邸内有南北向的甬道，"三厅九栋"的院落列于甬道西侧。院内遍布精美的木雕和石雕，每座厅堂上方皆有匾额，霸气的"四世一品"石匾让人见识了这座府邸主人曾经的辉煌，泰宁县博物馆就建在

▲ 泰宁大金湖甘露寺

尚书第内，其中展出了各种碑刻和家具等文物，还有一座状元文化馆向你介绍泰宁人在古代科举中的不凡表现。尚书第东侧的世德堂历史更为悠久，不过 2003 年时曾遭遇火灾，如今这里已成为泰宁乡村非物质文化遗产博览苑的所在地，内有关于泰宁梅林戏和傩舞等非物质文化遗产的介绍。除去这些著名古建筑，古城内尚书街、进士巷等道路两侧皆有许多古代民居，进士街南端亦有一段古城墙保存至今。

门票： 免费

营业时间： 全天开放

◆泰宁明清园
见 34 页地图

明清园是一座展示和保护明清时期古建筑的私家收藏博物馆，园内有许多从各地迁建而来的古民居，这些古建筑经历了复杂的拆开又重新组装的过程，最终得以在此重现，实属不易。园内有古建筑观光区、木雕收藏品展示区等五个区域，其中最重要的建筑是建于清代的司马府第，这座规模宏大的徽派建筑采用珍贵耐腐的银杏木、梓木做梁柱，内部雕梁画栋极尽华丽，其上方甚至盖上了天棚进行保护。藏宝阁中的"时和岁丰"十二生肖守护神座屏高 4.6 米，长 22 米，全部由金丝楠木雕刻而成，是另一个镇园之宝。园内还有许多古建筑和文物收藏，对此感兴趣的话不可错过。

门票： 80 元

闽北山水访古之旅

▲ 和平古镇

营业时间： 8:00—17:00

微信公众号： 泰宁明清园

◆上清溪　　　　　　　见34页地图

相对于大金湖，上清溪显得"小家碧玉"了不少，两侧丹霞山体下，6 公里长的溪流清澈碧绿，景色错落有致。乘坐竹筏是游览的唯一方式，每筏乘坐 6 人，沿途会经过"鲤鱼跳龙门""金钟长鸣""五老看仙"等数个景点，其中长达 400 米的落霞壁通体红色，上方遍布大小不一的洞穴，是流水侵蚀作用下形成的独特地貌。水道时而狭窄到只能容一条竹筏通过，届时也会看到船家用竹竿抵住岩体使竹筏前进的独特景象。船家可能会索要讲解费，是否接受还需视现场情况而定。游览全程大约 2 小时，请尽量于 14:00 之前到达景区以防无船可坐。

门票： 130 元（含摆渡车及竹筏）

营业时间： 5月1日至1月8日 8:00—16:00；10月9日至次年 4月30日 8:30—15:00

南平市　0599

◆和平古镇　　　　　　　见34页地图

和平古镇位于南平市邵武市，始建于唐朝，是一处城堡式古镇，其东南西北四方都曾建有城墙，城门上还建有用于瞭望的谯楼，现在还保存有东、北、西三座城门和东谯楼，值得一提的是这些城墙和城门皆是在明万历年间由居民自发修建的，这在国内古镇中也属罕见。主街和平街在五代时期就已建成，如今仍是本地居民生活劳作之地。主街两侧汇集了许多明清时期的古建筑，青砖琉瓦，气派非凡。古镇北侧有规模庞大的黄氏大夫第，东侧的李氏大夫第门口有漂亮的门头雕砖，西侧的和平书院建于五代时期，是国内最早的书院之一。除了各种古建筑，古镇中还能观看民间音乐、戏剧舞蹈等非遗演出。古镇三绝之一的游浆豆腐口感细腻，前来游玩不可错过。

门票： 免费

营业时间： 全天开放

微信公众号： 和平古镇

▼ 上清溪

闽北山水访古之旅

武夷山及周边

武夷山机场 ✈

❀莲花峰

🍵天心岩茶村
观光车北入口站　ℹ景区北入口

观光车水帘洞站 ℹ
水帘洞 ●ℹ

❀天心永乐禅寺
大红袍母树　🏠碧湖园湖景餐厅
❀三仰峰　大红袍 ●ℹ观光车大红袍站
崇

◆武夷山 　大王峰北路

❀桃源洞

武夷山茶隐山房 🏠
小柒的店　🏠山茶花客厅
天游峰 ●　ℹ景区东入口 🏠武夷山假日花园酒店
❀老虎洞 玉女峰路 🏠五夫晨照
大王峰❀ 🏠橘隐家 🏠武夷山颐阳花园度假酒店
观光车天游峰站　武夷山庄🏠武夷山不知　🏠武夷山天泽花园别墅
春𡻕民宿 🏠武夷山悦华酒店
观光车九曲溪 止止庵 宴武夷·匠心闽味
竹筏码头站 ℹ　万春园 ●武夷宫
景区西 🏠九曲溪竹筏码头 印象大红袍
入口 观光车虎啸岩站 ℹ 大王峰南路
🏠九曲度假酒店 ℹ观光车玉女峰站
🏠武夷山 虎啸岩● ❀玉女峰
岭上溪舍 天成禅院❀ 宁上高速

上埔大桥
观光车一线天站 ℹ 观光车南入口站 ℹ景区南入口
南入口停车场 ℹ
● 一线天 🚄轻轨武夷山站

N　0　1.08km
1 : 54 000

◆**宝严寺**　见34页地图

邵武市区富屯溪南岸的这座看似不起眼的古刹其实大有来头。寺庙主体建于晚唐，其后几经更名，明代古寺经历重建，不过部分唐宋时期的结构得以保留，是闽北地区最古老的佛教建筑之一，重檐歇山顶的大雄宝殿内部雕梁画栋，许多彩饰是出自明代著名画家之手。如今宝严寺是邵武市博物馆的一部分，寺中偶尔会举办特展。邵武市博物馆的主楼就在宝严寺东边不远，内有邵武市出土的陶瓷器和傩舞面具等陈列。一层还有中央苏区纪念馆，1932年红一军解放邵武，宝严寺便是当时的指挥部所在地。

门票：免费
营业时间：8:00—12:00, 15:00—18:00

◆**武夷山**　见35页和本页地图

武夷山是福建的标志之一，作为国内少有的世界自然和文化双重遗产，武夷山中既有"三三秀水清如玉，六六奇峰翠插天"的山水相连盛景，又有自秦汉以来修建于此的无数佛寺道观点缀其中。

武夷山之行通常从攀登景区中心的**天游峰**开始，登山途中即可纵览山水环抱的武夷山美景，登山台阶陡峭险峻，旺季时游客摩肩接踵，攀爬时务必多加小心。山路旁有紫阳书院等古迹，半山腰处的半山亭有俯瞰九曲溪的最佳视野。下山后若还有体力，也可沿步道前往山后的桃源洞。

从高处俯瞰过后，自然要到九曲溪上近距离感受一下这里的山水，每个前往武夷山的

游客都会体验九曲溪上的竹筏漂流，旺季时几乎一票难求。漂流自景区西端的**九曲溪竹筏码头**开始，全程大约9.5公里，历时大约一个半小时。沿途可远眺玉女峰和三仰峰等区内名山，还有众多石刻点缀在溪水两岸的崖壁上，撑杆的艄公也负责讲解，给艄公20元小费似乎是景区内多年来不成文的规定。漂流的终点是景区东端的**武夷宫**，九曲溪自此汇入崇阳溪中。武夷宫周边聚集了许多古建，不过连通竹筏码头的宋街是近年来新建的，相对来说西侧的万春园和止止庵会更有看点。

景区南侧，**虎啸岩**和**一线天**连在一起，一线天的最窄处只可容一人侧身通过，游客经常需要在此排队很久。虎啸岩山路险峻，部分

福建省

大红袍和正山小种

大红袍是武夷山的招牌之一，虽然名字里带一个红字，但大红袍并不是红茶，而是一种乌龙茶。在武夷山水的滋养下，大红袍味道醇厚甘鲜，香味高而持久，所谓"七泡有余香"，每一泡都有不同韵味。武夷山景区内的大红袍母树是大红袍的源头，不过自 2006 年起这几棵茶树便已禁止采摘。如今武夷山景区内仍有许多茶园，自区内岩土中生长的茶树而来的茶叶被称为正岩，此外还有半岩、外山等分法，等级依次递减。

被称为红茶鼻祖的正山小种也产自武夷山地区，所谓正山指的便是武夷山桐木关及其周边，围绕着这种发酵茶的诞生有许多有趣的传说，而其风靡欧洲并在某种程度上改变了当地人饮食习惯的故事则更为人们所熟知。如今桐木关地区已被划入武夷山国家公园内，可在微信公众号"武夷山国家公园 1 号风景道"上预约后，在武夷山景区西北的红星村访客中心搭乘园内观光车入园游览。除去红茶相关，园内也有青龙大瀑布等自然景观，值得一游。

作为一种商品，茶叶有很多门道，武夷山脚下的大王峰路两旁遍布茶店，外行人难以分辨好坏，若一定要在武夷山买些茶叶回去，景区北门附近本地茶农聚居的天心岩茶村可能是个更好的选择。

台阶旁边就是悬崖，两处景点之间有"绿野仙踪漫游道"相连，景色也非常不错。北侧**大红袍**景区内有著名的大红袍母树，从这里沿着穿过众多著名岩茶产区的"岩谷花香漫游道"可到达北端的**水帘洞**，水帘洞是武夷山最大的岩洞，宽高均超过百米。洞口有两处泉水飞流而下，风景绝佳，也成为游客最常打卡之处，不过水流大部分时候都比较小，让人略微感觉名不副实。

武夷山景区内还有许多著名景点，想要玩得仔细可能需要数天时间，景区在 2025 年 6 月 30 日前实施游客免票政策，进入景区内部不再需要购票，但因景区本身非常庞大且景点分散，一般游客仍需搭乘观光车游览。

印象大红袍

《印象大红袍》是继《印象刘三姐》《印象西湖》等作品后印象系列的第五部实景演出，演出最大的卖点是可360 度旋转的圆形观众席以及围绕观众席一圈的舞台。观众席形似体育场看台，中心视野较好的位置被划为 VIP 席位。舞台西半边以崇阳溪和大王峰为背景，东侧则有搭建的布景营造出一种茶楼的氛围。演出本身以展现武夷山茶文化为主，辅以一些民间传说故事，情节性较印象系列的其他作品有一定提升，不过演出的部分段落中会播放录制好的视频，给人一种现场表演不足的感觉。演出每天进行三场（19:30、20:55、22:15），单场演出时间大约一小时，如果可能的话还请选择彻底天黑后的第二场及第三场观看，以欣赏到更好的舞台效果。演出票价 208 元起，区内的各大酒店、民宿及游客服务中心都可购票。

九曲溪漂流单独售票，旺季还需提前预订。

门票： 观光车一日 / 两日 / 三日票 70 元 /85 元 /95 元；竹筏漂流 130 元

营业时间： 6:30—18:30

微信公众号： 中国武夷山

◆下梅村　见 35、41 页地图

寻罢武夷的山水，不妨到东边不远处的这座下梅村放松一下。下梅村曾是武夷茶叶的集散地，作为万里茶路的起点而繁盛，如今村中保存完好的各式精美古建便是古村辉煌历史的见证。溪水从村中穿过，横跨其上的数座小桥营造出一幅小桥流水的美景。溪水两侧汇集了许多建于明清时期的老宅，

▼ 武夷山九曲溪

它们大多以青砖筑墙体，配以木质外廊以及石雕门当石鼓，颇具特色。建于清乾隆年间的邹氏大夫第和邹氏宗祠是村中保存最好的古建，邹氏族人曾经掌控了本地与晋商的茶叶生意，宗祠旁就有一座晋商茶馆。入村需购票，之后会有导游讲解，行程大约30 分钟。

门票： 50 元

营业时间： 全天开放

◆五夫镇　见 35 页地图

五夫镇是朱子故里，朱熹 14 岁随母移居至此，之后著书立说，成为儒家代表人物。兴贤古街是镇中主干道，北侧路西的兴贤书院

如天河圣母和临水夫人等各路神仙，甚至齐天大圣也位列其中，令人大开眼界。主殿对面的偏殿内还供奉有十殿阎王，其身旁有牛头马面和各路小鬼的造像，注意造型有些吓人，小朋友谨慎参观。

门票: 免费
营业时间: 8:00—17:00

宁德市　0593

◆白水洋
见 35 页地图

白水洋位于宁德市屏南县东北部，是稀有的水上广场。"广场"的地面是一块四万平方米大的巨石，净无沙砾，山间的溪水流淌至此，在石面上平整铺展，水深没踝，正适合戏水纳凉。于是在夏季这里会成为远近闻名的玩水之所，届时也会有别开生面的水上运动会，可体验到水上自行车或者水上拔河等有趣的活动，当然那时景区也会如同"下饺子"一般拥挤。景区内还有一处百米冲浪滑道，游客只要仰面躺在滑道上，就可凭借溪水冲力向下游滑去，非常刺激。若对这里独特的地质构造感兴趣，景区门口的地质博物馆中有相关讲解。景区大门距离核心的水上广场有相当长的距离，需乘坐景区摆渡车前往，旺季时自驾车辆可能需在距离景区大门尚有一段距离的地方停车并乘坐接驳车到达大门，这使得前往水上广场所需的时间变得更长，有时可能需要数小时，需妥善安排时间。

门票: 120 元
营业时间: 7:30—18:00
微信公众号: 白水洋鸳鸯溪

◆鸳鸯溪
见 35 页地图

鸳鸯溪位于白水洋下游，两个景点合为一处 5A 景区，冬季会有数万只鸳鸯来此过冬，景区也因此而得名。鸳鸯溪的主要看

点茶与建盏

武夷山下的建阳与建瓯是福建最早设县之地，产自此地的北苑贡茶在北宋时期就已名冠天下，从皇帝到文武百官再到文人墨客，皆垂青于此。伴随制茶工艺一同成名的是本地流行的各种泡茶技法，点茶便是其代表，这种将茶汤打成膏状的复杂泡茶技法在宋代非常流行，几乎成为当时人们品茶的标准方式。

点茶的茶沫以白为好，于是产自建阳地区、通体黑色的建盏因能更好地衬托白色茶沫而成为点茶的最佳容器，为北宋皇室御用。建盏因其独特的材质而带有一定金属光泽，在阳光照射下会反射出斑斓的色彩，不仅是在国内，邻国日本以及朝鲜半岛亦对其情有独钟，争夺著名的建盏甚至成为日本战国时代大名之间开战的理由。

宋代以后，随着品茶方式的变化，点茶与建盏逐渐退出历史舞台，近年来，国人对"非遗"的保护意识不断加强，这两项传统技艺又逐渐回归人们的视野，如今你可以在建阳、建瓯以及武夷山景区附近找到许多点茶体验店。

即是当年朱熹讲学之地，沿街向南，路旁有保留完好的古民居，镇中并无太多商业开发痕迹，本地居民生活悠闲，沿兴贤古街会看到几座造型精美的牌坊，东侧凤凰巷内的朱子社仓是朱熹为赈济灾民而建的。五夫镇的另一大看点是荷花，整座古镇几乎被荷花池包围，夏季荷花盛开时风景更美，村子南侧池塘对面的紫阳楼便是朱子故里的所在地，朱熹曾在此生活多年，不过古迹本身于民国时期被毁，现在的院落是后来重建的。

门票: 免费，兴贤书院 50 元
营业时间: 全天开放

◆建瓯文庙
见 35 页地图

建瓯历史悠久，传说福建省的"建"字便是由此而来，各式古建散落老城各处，有"东南伟观"之称的建瓯文庙就是其中之一。文庙始建于宋代，后历经数次重建，如今的主体建筑建于清代，其形制与曲阜孔庙相同，中轴自南向北依次建有照壁、棂星门、泮月池、戟门、拜台和大成殿。大成殿内 34 根楠木立柱未做截弯取直，看似东倒西歪实则"歪材正用"，传说这体现了孔子"有教无类"的教育理念。

门票: 免费
营业时间: 8:30—11:00，15:00—17:00

◆建瓯东岳庙
见 35 页地图

建瓯东郊白鹤山下的这座东岳庙始建于东晋，其后一如许多其他古建一般经历多次灾祸和重建，如今的主要结构均为清康熙年间所筑，其中主殿圣帝殿号称福建最大的单体古建，气势恢宏。圣帝殿中供奉岳帝爷，也就是《封神演义》中一心尽忠报国的黄飞虎。主殿后方的 9 间后殿内能看到诸

南平在哪里

如果你乘坐火车前往南平，并碰巧买了一张到达"南平市站"的车票，那么出站后你可能也会惊叹于这里视野之开阔，并发出"南平在哪里"的疑问。如今地图上"南平市"的位置在南平市站以南大约 10 公里的建阳区北侧，不过这也只是政府所在地，事实上在 2014 年迁至此处之前，南平市政府一直都在现今南平市站以南 110 公里开外的延平区，那里至今仍是整个南平较为热闹的地方，有着更为完善的基础设施。所以如果你的目的地在延平区，可千万不要想当然地认为"建阳区"和"延平区"应该离得不远。南平市站曾经有一个更迷惑人的名字"武夷山东站"，而车站距离武夷山景区大门超过 20 公里。所以在感叹"南平市站离南平实在有点远"之前，不妨设想一下曾经那些想去武夷山又从武夷山东站下车的游客所面对的情景，也许可以帮你平复一点心情。就在 2022 年初，连接南平市站与武夷山景区的武夷有轨电车开通运营，体验这条穿行于武夷山水之间的有轨电车也成为人们前往南平市站的一个重要理由。

万安桥

从建瓯沿 G237 前往屏南的路上会路过屏南境内的大碑河，若沿此处分出的岔路向南，不远即可到达长桥村，村中确有一座长桥，那就是国内最长的古代木拱廊桥万安桥。这座五墩六孔木拱廊桥全长 96 米，桥屋宽达 38 开间，气势恢宏。桥体始建于宋代，清乾隆七年（1742 年）重建后便再无大的改造，可以说是中国古代桥梁建筑技术的一个集中展现，许多人前往屏南便是为了看这座桥。非常可惜的是，2022 年 8 月万安桥发生大火，整座桥体的木造部分全被烧毁，只留几座石制桥墩于水面。虽说不久之后原址上便开造新桥，并只用了不到一年的时间便接近完工，但也不是曾经的那座了。

点便是流淌在群山间的溪流和飞瀑，开凿山体所建成的栈道令人惊叹，部分路段非常惊险。百丈漈瀑布是景区核心，此处的山路极其陡峭，令人时常想打退堂鼓，若不想爬这段路，山中有一座电梯可以送你直达山顶，收费 40 元 / 人。整条线路的游览时间大约为两小时，景区内水量充沛地面较为湿滑，游览时还请提前备好雨具及防滑鞋。

门票: 78 元
营业时间: 7:00—16:30
微信公众号: 白水洋鸳鸯溪

浙江省丽水市 0578
◆庆元廊桥博物馆
见 35 页地图

从屏南向北，穿过政和县和松溪县便会进入浙江省境内，浙闽交界处的庆元县有国内最多的古木拱廊桥，想看廊桥来这里便不会错。自西进入庆元县城，不久就会到达庆元廊桥博物馆。博物馆通过大量文物照片及廊桥模型，从历史、技艺、自然、人文等多方面系统地展示了廊桥的技术特色和文化魅力，探寻闽北浙南的各式廊桥之前不妨来此做一下功课。博物馆外，通体红色的咏归桥横跨水面，是庆元县城的标志性景色。庆元的另一个特产是香菇，咏归桥旁还有一座香菇博物馆，也颇有看点。

门票: 免费
营业时间: 08:30—12:00，14:00—17:00，周一闭馆

◆月山村
见 35 页地图

庆元廊桥的精华就在月山村，"二里十桥"的密度令人大饱眼福。月山村沿举溪而建，河道两侧遍布各式古建，村北的吴文简祠建于明万历年间，有漂亮的歇山顶主厅。当然大部分人都是为了廊桥而来，吴文简祠对面河道上的来凤桥建于清道光年间，石制桥体上方搭建木质拱廊，颇具特色。沿举溪向南，月山之宝如龙桥就会映入眼帘，这座建于明天启年间的廊桥是国内现存最古老的木拱廊桥，三重檐歇山顶的桥亭美观大气，一端还建有钟楼，桥上设有神龛，当然为防火灾并不允许进香。继续向南出村外，步蟾桥横跨两山之间，与桥下的溪流相伴，非常出片。群山与溪水相伴的月山村如同世外桃源，即便不为廊桥，此地的风光也足以使人驻足。

门票: 免费
营业时间: 全天开放

▼ 月山村如龙桥

宁德市 0593
◆鸾峰桥
见 35 页地图

闽北浙南的区划边界犬牙交错，自西向东穿过庆元县后，继续向东又会来到福建省寿宁县境内，两省交界附近的下党村内有国内单跨最大的木拱廊桥鸾峰桥，这座建于清道光年间的廊桥跨度达到 37.6 米，其编木工艺之精湛令人赞叹。桥头山腰有一处文昌阁，在这里能俯瞰廊桥，视角较好，另外一个适合拍照的位置是廊桥东侧乡道旁的停车场，可拍到廊桥倒映在碧绿溪水中的场景。下党村中还有一座廊桥技艺馆，内有几座本地著名廊桥的模型及介绍，可一并游览。

门票: 免费
营业时间: 全天开放

◆仙宫桥、升平桥和飞云桥
见 35 页地图

寿宁县城几乎沿蟾溪而建，溪水给这座群山环抱的县城增添了许多色彩，蟾溪之上，几座修建于明清时期的廊桥成为美景的点睛之笔，它们隐藏在连片高楼之中，城市景观也因而显得更加立体。沿 G235 进入寿宁之后，首先就会路过工业路旁的仙宫桥，这座建于清乾隆年间的廊桥上方有如意斗拱叠梁而成的八角藻井，两侧桥亭亦有八角造型，很有特点。从这里沿蟾溪北上，不远处就是升平桥，这座精致的古桥也建于清乾隆年间，其与周边临水而建的住宅楼一起组成了一幅水城风光图，桥下的日升门是寿宁现存的唯一城门遗址。继续溯溪而行，城北飞云路上还有一座飞云桥，桥顶有各式雕花，远看如架在水上的戏台一般，飞云桥始建于明代，最近一次重建是在 1938 年。

门票: 免费
营业时间: 全天开放

浙江省温州市 0577
◆徐岙底古村
见 35 页地图

泰顺的山间点缀了许多美丽的古村落，徐岙底就是其中之一，村中保存了大量明清时期的建筑和传统民居，鹅卵石铺就的街巷两旁有土石制成的墙体和木质门窗，古朴而亲切。村口的忠训庙内供奉了北宋时期的英雄人物徐三翁，数百年间香火不断。村中还有门前厝、举人府、文元院和顶头厝等几座保存完好的古建，其中举人府是清朝乾隆时期的武举人吴永枫的宅邸，造型高大气派。顶头厝则是村中最古老的民居，有三百余年的历史。

门票: 免费
营业时间: 全天开放

福建省

特别呈现

闽北浙南的廊桥

传说中为皇帝祝寿而得名的景（宁）泰（顺）寿（宁）庆（元）四县集中了国内木拱廊桥的精华，数百座大大小小的廊桥散落在山间村旁，成为本地人生活的一部分。许多廊桥历史超过百年，如今正面临着严峻的古建筑保护形势。2012 年，四县联合附近几个县，一同挑选出区内 22 座廊桥打包申报世界遗产，意在更好地保护这些建筑艺术瑰宝并加深公众对它们的了解。这 22 座廊桥建筑风格各异，每一座都有其独一无二的代表性。如今这 22 座木拱廊桥已经被列入《中国世界文化遗产预备名单》，这次让我们通过下面的表格来简单认识一下它们。

需要注意的是，由于气候及自然灾害等原因，大部分廊桥在其一生中都不可避免地经历过多次修整甚至重建，许多廊桥最初建成的时间已不可考，表格中所列出的建成时间均为其最近一次重建的年份。

闽北浙南的廊桥

	桥名	位置	建成时间（最近一次重建）	桥长（米）
1	溪东桥	泰顺县泗溪镇白粉墙村	清道光七年（1827 年）	41.70
2	北涧桥	泰顺县泗溪镇下桥村	清道光二十九年（1849 年）	51.87
3	三条桥	泰顺县垟溪乡和洲岭乡交界	清道光二十三年（1843 年）	26.63
4	文兴桥	泰顺县筱村镇坑边村	1930 年重建，2017 年再次重建	40.20
5	东坑下桥	景宁畲族自治县东坑镇东坑村	清康熙二十八年（1689 年）	29.00
6	接龙桥	景宁畲族自治县东坑镇章坑村	1917 年	38.00
7	大赤坑桥	景宁畲族自治县大均乡大赤坑村	1923 年	50.00
8	如龙桥	庆元县举水乡月山村	明天启五年（1625 年）	28.20
9	咏归桥	庆元县城	1983 年	38.76
10	半路亭桥	庆元县陈边村	1947 年	28.00
11	鸾峰桥	寿宁县下党乡下党村	清嘉庆五年（1800 年）	47.60
12	大宝桥	寿宁县坑底乡小东村	清光绪四年（1878 年）	44.30
13	杨梅州桥	寿宁县坑底乡杨梅州村	1939 年	42.50
14	三仙桥	周宁县纯池镇禾溪村	1917 年	18.40
15	广利桥	屏南县岭下村	清乾隆三十九年（1774 年）	28.33
16	广福桥	屏南县岭下村	清嘉庆十二年（1807 年）	29.47
17	千乘桥	屏南县棠口村	清嘉庆二十五年（1820 年）	62.70
18	龙津桥	屏南县屏城乡后垅村	清道光二十七年（1847 年）	33.50
19	万安桥	屏南县长桥镇长桥村	1932 年重建，2024 年再次重建	98.20
20	赤溪桥	政和县澄源乡赤溪村	清嘉庆二十三年（1818 年）	33.50
21	后山桥	政和县岭腰乡后山村	清嘉庆四年（1799 年）	41.60
22	洋后桥	政和县外屯乡外屯村	清道光三十年（1850 年）	33.00

◆文兴桥
见 35 页地图

如果沿龙丽温高速前往徐岙底，那么从筱村收费站离开高速后不久便会路过文兴桥，这座建于清咸丰年间的木拱廊桥有着国内少见的非对称式结构，桥体两侧的台阶一边陡峭一边舒缓，中间的桥亭亦有一定倾斜。文兴桥在 2016 年经历了一段传奇故事：那年 9 月，文兴桥被台风"莫兰蒂"所带来的暴雨山洪冲毁，洪水退去后，本地居民花费超过一个月时间将散落各处的桥梁构件悉数捡回，经过整理，又由能工巧匠经过一年时间拼装至原位，古桥最终得以重获新生，成为国内古建筑修复界的一段佳话。桥下的廊桥记忆馆中有修复过程的详细介绍，值得一看。

门票： 免费
营业时间： 全天开放

◆南浦溪风景区
见 35 页地图

看过众多廊桥，可以来主打水上项目的南浦溪换换口味，流淌在泰顺山间的这条小溪已成为一座水上娱乐项目的聚集地，从高山漂流到浅滩戏水都可以在这里体验到，当然景区的内容远不止于此，溯溪而上能看到被称作"三重漈"的三座连在一起的瀑布，落差达 90 米，其下方的水潭因水声过大而有了金钟潭之名，前往瀑布的途中会看到许多石刻，彰显了古人对这里的喜爱，景区内还有颇具特色的矴步，走在上面还需多加小心。

景区北侧不远处的库村是浙南古村落的另一个代表，有 1200 余年历史，村中街巷山墙均以鹅卵石筑成，因而有石头村的别称。

门票： 70 元，漂流 40 元
营业时间： 07:30—16:00
微信公众号： 泰顺县南浦溪景区

◆泰顺廊桥文化园
见 35 页地图

横跨泗溪的北涧桥和溪东桥是泰顺的名片，这两座造型精美的木拱廊桥与周围数座廊桥和古建一同组成了泰顺廊桥文化园内的核心景观。北涧桥立于景区核心的东、南、北三溪交汇处，朱红色的桥身如同一只横跨河岸的飞燕，在四周水面的映照下显得光彩夺目，桥头有一棵千年古樟树，为桥景增添了许多绿意，古树南侧的矴步是拍摄北涧桥的绝佳位置，当然欣赏美景时也别忘记自己其实身处水面之上。北涧桥西侧还有一座廊桥文化展厅，内有许多著名廊桥的模型及照片，其建筑本身也颇具看点。北涧桥东南不远处的溪东桥造型与前者颇为相似，据传两座廊桥的建造者是一对师徒，于是它们也有了"姊妹桥"之称。溪东桥造型更加精致，其南侧的几座山峰成为古桥的绝佳背景，桥北的矴步是拍摄山水环抱下溪东桥美景的最佳位置。

门票： 免费
营业时间： 全天开放

宁德市 0593

◆太姥山
见 35 页地图

位于福建东北角的太姥山是宁德最著名的旅行目的地，以花岗岩峰林岩洞为特色，山中奇石无数，山顶还有栈道可观大海。太姥山的山路不算难走，若觉得太累还有电梯代步，山顶的观海栈道视野开阔，脚踩悬崖的感觉更是刺激。相对于爬

▼ 泰顺廊桥文化园北涧桥

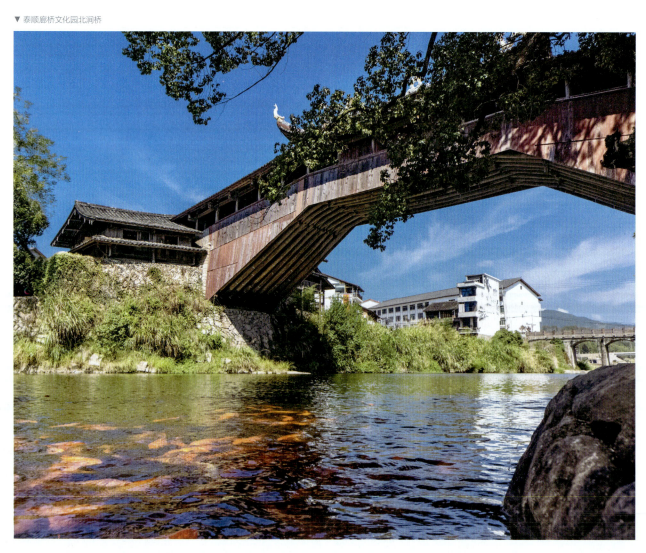

▲ 太姥山

山,山中的几个岩洞路途更险,其中迎仙台附近的葫芦洞需要近一小时的时间方可穿过,许多时候需要完全摸黑攀爬,对体力和心理承受力都是考验。太姥山上的一线天号称国内最窄,其最狭处宽度仅有20多厘米,许多人侧身都无法通过。太姥山的最高峰覆鼎峰位于景区西端,登顶大约需要两个小时,沿途有数个观景台带你领略山中的各色奇石,其中九鲤朝天最为著名。

景区大门位于山下的太姥山镇西郊,与景区距离较远,景区巴士大约20分钟一班,自驾可前行至山脚下太姥洋村附近山门处的停车场。

门票: 140元

营业时间: 5月1日至10月7日6:30—17:30; 10月8日至次年4月30日7:00—17:30

微信公众号: 太姥山旅游

福建的茶

太姥山所在的福鼎市以白茶而闻名,太姥山中一处著名景点便是白茶母树"绿雪芽"。这应该不是你在福建见到的第一颗茶叶母树了,事实上中国茶叶的六个大类里有三个(乌龙茶、白茶、红茶)都源自福建。福建制茶的历史可追溯至东晋,在北宋时期,建瓯出产的北苑贡茶成为皇室以及百官大臣乃至文人墨客的最爱,名冠天下。元初武夷茶兴起,大红袍声名远播,九曲溪中第四曲被开辟为御茶园制作贡茶。红茶亦于明初出现于武夷山北侧的桐木关,而后行销欧洲成为当地人生活的必需品。白茶盛于闽北的福鼎及政和,除去日常饮用,这种芳香幽雅的茶叶还有许多药用功效,常用于祛毒退火。清代中叶泉州地区开始制作铁观音,其如兰花般迷人的茶香也成为许多离家打拼的福建人治愈乡愁的良方。省会福州以茉莉花茶而闻名,茶叶与茉莉花经过数次窨制,入口清甜唇齿留香。除去以上这些,福建的特色茶叶还有许多,来这里不喝上一杯茶就太可惜了。

食宿推荐

🥣 **当地美食**

福州市 肉燕、佛跳墙、福州鱼丸

三明市 沙县小吃、游浆豆腐

南平市 武夷熏鹅、八宝饭、茶油鸭、清明粿

宁德市 福鼎肉片、桐江鲈鱼汤、芋蒸螃蟹

丽水市 缙云烧饼、庆元香菇

温州市 温州鱼丸、温州馄饨、猪油糕、灯盏糕

🚌 **热门住宿地**

福州市 三坊七巷、上下杭、泰禾广场

将乐县 滨河北路、将乐汽车站

泰宁县 泰宁古城、泰宁大金湖

武夷山市 三姑度假区、星村

建瓯市 中山西路、建瓯站

屏南县 翠屏南路、屏南汽车站

庆元县 石龙街、月山村

寿宁县 胜利街、寿宁汽车站

泰顺县 东大街、新城大道

福鼎市 宛亭路、福鼎汽车南站

图书在版编目（CIP）数据

福建 / "中国自驾游"编写组编写 . -- 北京 : 中
国地图出版社 , 2025 . 1 . -- （中国自驾游）. -- ISBN
978-7-5204-4865-9

Ⅰ . K928.957

中国国家版本馆 CIP 数据核字第 2025Q605M8 号

主　　编｜马　珊
责任编辑｜于佳宁
执行编辑｜苑志强
编　　辑｜李偲涵　刘　煜
责任地图｜田　越
地图制作｜张晓棠　魏　华　杨诩梵
封面设计｜李小棠
版　　式｜王愔嬑　风尚境界
责任印制｜苑志强

中国自驾游·福建
ZHONGGUO ZIJIA YOU · FU JIAN

出版发行　中国地图出版社
社　　址　北京市西城区白纸坊西街3号
邮政编码　100054
网　　址　www.sinomaps.com
印　　刷　北京盛通印刷股份有限公司
经　　销　新华书店
成品规格　210mm×297mm
印　　张　3
版　　次　2025年1月第1版
印　　次　2025年1月北京第1次印刷
定　　价　29.90元

书　　号　ISBN 978-7-5204-4865-9
审 图 号　GS京(2024)2457号

咨询电话：010-83543937 (编辑)，010-83543933 (印装)，010-83543958 (销售)
本书图片由视觉中国提供。